诺斯的问题——为什么绩效不佳的“坏制度”在整个
现？那些绩效不佳地区的制度变迁为什么不会转型，
“好制度”呢？这是更需要，也是更难解释的问题。
典框架中，要想说明长期不良经济绩效是不可能的”
North，1994）。早在1982年的《经济史中的结构与
斯就已经抛弃了“制度总是有效”的观念，尝试解释
规则为什么长期存在，不过当时他的主要精力和大多
家的一样，是放在交易成本之上的。

10年的时候，我们也正面临如何解释经济体制转型的
如何解释“所谓的华盛顿共识（Washington Consen-
人心的经验……这同样也引起了新的问题和困惑，其
个就是中国的经济奇迹——这与华盛顿共识是相背离
2002）。

“无效”制度为什么长期存在，看来是不能简单地把
制度对应于“市场/计划”的，而是需要仔细斟酌
定增长绩效的关键因素。

”的“功能主义”研究视角

域，包括延续新古典传统的新制度经济学以及法经济
上的“制度”（institutions）实际上都可以看做是“功

（Washington Consensus），是针对1989年陷于债务危机的拉美国家急
革，美国国际经济研究所邀请国际货币基金组织、世界银行、美洲开发
的研究人员以及拉美国家代表在华盛顿召开了一个研讨会，旨在为拉美
方案和对策。曾担任世界银行的美国国际经济研究所的经济学家约翰·
lliamson）执笔写了《华盛顿共识》，包括10条政策措施——财政政策
律；把政府支出的重点转向经济回报高和有利于改善收入分配的领域，
基础教育和基础设施；改革税收，降低边际税率和扩大税基。货币政策
采用具有竞争性的汇率制度。贸易和资金政策方面：贸易自由化；资
国直接投资进入自由化。宏观产业政策方面：私有化；放松政府管制，
出的障碍；保护产权。

制度转型中的博弈学习行为：
知识、策略与规则

The Learning Behavior in Games under the Institutional Transitions:
Knowledge, Strategies and Rules

章平 著

ZHEJIANG UNIVERSITY PRESS
浙江大学出版社

代序

理解制度
交往中的

1　从经济绩效说起：诺

早在斯密为经济学奠基的
用现在的话说什么是决定经
问题了。例如，为何英国能
起飞却遭遇失败？如何解释
ron，1962）

2002 年，诺斯面向中国的
很多重要的问题，其中就包
家是贫困的'"（于保平，20
以这个问题作为开端的。诺
"我们看到在全世界各地有很
的组织会带来经济的滞后发
少国家陷入经济崩溃之中，
"好制度"就会对人们产生
度"则会对人们产生反向的

其实关于制度的重要性，
调"体制""机制"是最重
导致"低效率"，而高经济增
并且通俗简单地把"高效/低

于是引出
历史上更为常
或者说再造为
因为"在新古
（North，2003；
变迁》中，诺
"无效"的制
数制度经济学

在进入 20
问题。例如，
sus）[①] 的震撼
中最重要的一
的"（Roland，

为了理解
"高效/低效"
"制度"这个

2　"制度

经济学领
学领域，所关

① 华盛顿共
需进行国内经济改
银行和美国财政部
国家经济改革提供
威廉姆森（John W
方面：加强财政纪
如基本医疗保健、
方面：利率自由化
本准入，特别是外
消除市场准入和退

能主义”（functionalism）研究视角。

所谓“功能主义”的研究视角，就是看能带来不同增长（产出）绩效的功能，考察激励约束规则、政策是如何起作用的。在这个视角下，“制度”就是对增长（产出）绩效起奖惩影响作用的激励约束规则和（或）政策。换成通常的非合作或者合作均衡模型的语言，即对众多决策者形成奖惩的激励约束规则。沿着诺斯环环相扣的逻辑思路①，就是从对产出绩效的奖惩激励功能开始，着手考察激励结构（North，1990），然后，把这些激励结构称之为“制度”。

赫尔维茨（Hurwicz，1993，1996）的思路也可以认为是“功能主义”的研究视角，因为他主要探究能“设计”出实现社会目标的制度，例如能实现效率、公平等社会目标——具有这样功效的规则就是“机制设计”意义上的制度了。

例如，土地私有制会激励农民注意保持土地的持续产出能力，如果农民只顾眼前高产使耕地肥力下降，就会受以后减产的惩罚；不过，如果等自己的耕地退化以后，还可能去抢占他人的土地，如果出现这种情况，那么耕地私有制规则将没有激励农民注意保持土地的持续产出能力的作用了，或者说，这个规则也可能不被遵守，不起作用。

因为的确存在“一些规则被遵守而其他一些没有”（Greif，2006）的情况，所以格雷夫认为，诺斯把制度视为规则（institutions-as-rules）不太合适，“与其假设人们遵守规则，不如思考为什么会这样”。其实，按照诺斯的思路理解，他并非笼统地“假设人们遵守规则”，而只是考虑哪些“规则被遵守了”。这一点，赫尔维茨也非常清楚，所讨论的制度要限定为能够被局中人遵循实施

---

① The process of societal change that we presented…can be summarized as follows: “reality” → beliefs→institutions→specific policies→outcomes (and, thus, altered “reality”), see Mantzavinos, North & Shariq (2004).

的那些规则（或机制）。此外赫尔维茨还认为，即使是局外“设计”的机制，如果被实施，也一定只能是“自我实施的”，或者说是被局中人宁愿遵守的（因为把规则实施监督者放在局外就不可能保证规则得以实施，所以规则实施监督者其实也是局中参与者）。

上述规则是否被遵循的讨论实际上是对“功能主义”的制度界定，强调了“功能”能够存在，能够起奖惩影响作用的必要条件是，“能够被局中人宁愿遵循”。这样，功能主义研究视角下的制度就是：第一，能够被局中人宁愿遵循的；第二，对增长（产出）绩效起奖惩影响作用的；第三，激励约束规则和（或）政策。

延续新古典传统主流经济学研究的思路，把上面表述中“能够被局中人宁愿遵循”当作已经满足的条件。接着的研究任务就是从机制设计角度出发，设法求解出最佳激励约束规则和政策，考察规则与绩效的关系（规则如何对产出增长绩效起奖惩影响作用）。如果按照这样的方式界定研究对象，并进行机制设计，自然可以理解——制度是可以设计出来予以实施的；通过求解激励相容解的状态，设计者选择能满足最优社会目标的外生控制参数，或者说求解政策决策变量的最佳取值。根据最佳功能机制设计的思路，就不难理解为什么会出现对发展中国家进行“制度转型”的一揽子政策建议——“华盛顿共识”。根据新古典经济学思路的设计，如果这些国家的局中人“遵循”这一揽子的制度政策，让这些“规则”发挥激励作用，那么发展中国家就能达到最优社会绩效目标。

1989 年的 20 年之后，尽管经济学家们还在继续争论，但是局中人的看法却几乎一致地认为“华盛顿共识已经瓦解了”①。面对现实经验中“华盛顿共识”遭遇的困境，眼睛只盯着要让制度发挥增长绩效作用的功能主义者（functionalist），就没有办法解释“制度变迁

① Following the 2009 G-20 London summit, British Prime Minister Gordon Brown declared.

是否会发生，将会如何变化”的问题了，虽然其他探索研究者也还远没有得到令人信服的解释。

3　对制度功能主义的批评

面对主流新古典为何面临困境——不能解释为什么“高效率制度”失灵或者说建立失败，转型经济学家加州大学伯克利分校的热拉尔·罗兰（Gérard Roland，2004）从任务与方法本身认为，这是由于功能主义“在试图说明制度变迁时犯了很大的错。功能主义者认为，制度变迁是已有制度功效减弱以致所处环境发生变化的必然结果”。其实罗兰对制度绩效功能主义的这个批评是不恰当的，因为这里帽子戴错了地方：大多数认同制度绩效功能主义的是新制度经济学家（new institutional economists）。就新古典范畴内激励相容的机制设计而言，其本身就是针对制度影响绩效的这个环节考虑的，而不是针对制度如何内生地受其他什么因素影响的环节予以考虑的。解释如何变迁本来就不是他们想要回答的问题，至于阿尔钦、弗里德曼、纳尔逊和温特等人想用演化（淘汰、复制）解释变迁，仅是逻辑形式上与生物演化的类比，而不具备生物学那样经验性的研究基点。

罗兰也批评诺斯，认为诺斯也是从激励约束的功能角度来界定制度的，但同样的，这一批评也只是截取了诺斯分析环节的片断。诺斯分析变迁的完整环节是：“reality”→beliefs→institutions→specific policies→outcomes（and，thus，altered“reality”），其中“‘reality’→beliefs→institutions”就是从认知学习开始着手考虑，而不再是后面环节了。和诺斯一样，大多数转型经济学家也是从何以促进经济增长开始考察制度的，当需要解释为什么“高效率制度”失灵或者说建立失败时，就不得不正视诺斯所深切关注的“→beliefs→”环节。

所以：考察制度如何影响绩效是制度功能的视角；考察局中人的信念如何影响制度，历史经历如何影响其后的制度变化已经是认知研究视角。像罗兰这样对制度功能主义的批评，其实并不确切。当然，罗兰指出不能用环境选择淘汰低效率制度来解释变迁的观点也是相当有道理的，否则就不会长期存在绩效不佳的"坏制度"。

4 "制度"的"构成解释"研究视角

对各种不同社会经济群体进行广泛的经验考察，当数文化人类学的工作。早期泰勒（Edward Tylor）所关注的对象就是"所有人类社会行为特征的多样性设置，这个复杂的整体包括了人作为社会一员的知识、信仰、艺术、道德、法律、习俗，以及其他能力和习惯"。[①] 尽管当时他对差异所持的看法是"高对抗低"（higher versus lower），变迁是"由低向高"的演化。在宗教上表现为"更多多神教向更多一神教的演化"[②]。而马林诺夫斯基（Bronislaw Malinowski）晚年从截面的田野调查转向关注变迁[③]，给出的是功能主义的理解：在其鸟瞰视野中[④]，这个考察对象"是一个整体（integral whole），包括工具和消费品，各种社会群体的制度宪纲，人们的观念和技艺、信仰和习俗。无论考察的是简单原始抑或是极为复杂发达的文化，我们面对的都是一个部分由物质、部分由人群、部分由精神构成的庞大装置（apparatus）。人据此应付其所面对的各种具体而实际的难题"。这里"据此应付其所面对的各种具体而实际的难题"透露了功能主义的基本思路。

马林诺夫斯基所说的功能，就是作为群体的人们依靠一定装置

---

① Tylor, Edward B. *Primitive Culture 1*. 3d ed., 1889. Tylor, Edward B. *Primitive culture: researches into the development of mythology, philosophy, religion, art, and custom*. New York: Gordon Press, 1974. First published in 1871.

② McClenon, James. "Tylor, Edward B (urnett)", *Encyclopedia of Religion and Society*. Ed. William Swatos and Peter Kivisto. Walnut Creek: AltaMira, 1998, pp. 528 – 529.

③ *The Dynamics of Culture Change: An Inquiry into Race Relations in Africa*. New Haven, 1945.

④ Malinowski, Bronislaw. *The Scientific Theory of Culture*. 1944. 中译本《科学的文化理论》，黄建波等译，北京：中央民族大学出版社，1999。

(apparatus)，发挥应付解决各种具体而实际难题的作用。马林诺夫斯基称“一定装置的结构形态”为“组织”(organization)——“组织意味着很确定的配置或结构，其主要元素普遍地存在，适用于所有组织化群体，而组织化群体的典型形式又是普遍地存在于整个人类”。[①] 针对组织化群体构成的情况，马氏的分析焦点落在人们“对一套传统价值的认同，人们为此而结成一体。它也意味着人们之间，以及人与自然或人工环境的特定物理部分之间，都有着确定的关系”。并提议将这样的认同和确定的关系称为制度（institution）。“这个概念意味着在自身目的或传统要求的宪纲之下，遵循着其团体的特定规范，使用着受其控制的物质装备，……以满足他们的某些欲望，同时也对其环境产生影响。”[②]

但制度又是如何形成，如何被决定的呢？在马林诺夫斯基看来，“我们是如此印象深刻，一个广泛的、复杂的、良序的制度是大量作为和追求的结果，而这来自一群没有任何确定法律、目标和章程规定的野蛮人。他们对自己的社会结构完全没有总体概念上的认识。他们只知道自己的动机，个人行为的目的，适用于自己的规则，但是除此之外，整体的制度形构完全在他们的心理认知之外”[③]。这样的制度形成观，几乎就像是哈耶克在谈自发秩序。从休谟到诺斯、

① Malinowski, Bronislaw. *The Scientific Theory of Culture*. 1944. 中译本《科学的文化理论》，黄建波等译，北京：中央民族大学出版社，1999。

② Malinowski, Bronislaw. *The Scientific Theory of Culture*. 1944. 中译本《科学的文化理论》，黄建波等译，北京：中央民族大学出版社，1999。同时，就研究对象及方法，马林诺夫斯基也对经济学给出了预见，“探讨财富和福利、交换和生产方式的经济学，将来也会认识到，不再将‘经济人’(economic man) 与人的其他追求和思虑完全分开考虑，而是将其原理和论据建立在按人的真实存在来研究人的基础之上，进入到复杂、多维的文化利益场境（medium of cultural interests）中去一展身手，会十分有用。确实，经济学中的绝大多数现代流派——无论打出的旗号是‘制度的’(institutional)、‘心理学的’(psychological)，还是‘历史的’(historical)——都因将‘经济人’置于其多重动机、利益和习惯的场景之中，也就是认为人是由其复杂的、部分理性、部分情感的文化环境塑造的，从而充实了旧有的、纯经济的理论”。见该书第一章“作为科学研究对象的文化”。

③ Malinowski, Bronisla. *Argonauts of the Western Pacific*, Dutton, 1961, p. 83.

青木昌彦[①]、肖特（Andrew Schotter）、格雷夫（Avner Greif，2006）等人，针对制度如何形成、如何被决定所作的探讨，在基本思路上就与此相似了，即：为了进一步解释为何有这样或那样不同的“绩效功能”，必须聚焦在这个复杂的整体“装置”（apparatus）上；必须探究个体之间仅仅是基于自身个人行为动机、目的，如何相互磨合出某种整体性的制度形构。着眼于这些磨合出来的“制度”是什么样；如何磨合出来，就可以称之为“制度”的“构成解释”。

5 制度变迁的解释不得不回答个体互动导致的信念变化

沿着追寻导致经济增长原因的思路，“大多数理论的研究论题都具有显著的新制度主义者色彩：使用个人行为模型（model of individual behavior）解释政治、法律或更一般的社会制度的存在，并通过人与人之间的相互磨合使之促进”（Hodgson，1993，2007）。但是，到底个体之间是怎么相互“磨合”的呢？经济学家们迄今为止，至多给出的只能是各方既定决策知识下“参与者之间的策略协调”。

将制度作为内生于博弈过程的均衡现象，虽然已有的演化研究思路放松了经典博弈论关于个体完全理性的假设，通过类比生物演化的形式（某种选择、变异过程和复制过程），尝试动态表达个体间的互动过程，直至均衡（或渐进稳定）的制度生成（例如，Young，1998，2007；Weibull，2002；Witt，2006，2007），但这显然从根本上不同于经验学科将基点建立在对“实验室或田野观测”数据进行提炼的基础上开展的工作。究竟在“参与者之间的策略协调”过程

---

① 市场是人类发明的最好的制度，分析市场机制的运作一直是经济学家的传统。现在，经济学家及其他人开始关注很多制度相关的事和现象，这些对经济表现有很大的影响。例如东欧转型、硅谷和电子商务的出现、欧洲货币的统一，以及东亚金融危机。在《比较制度分析》一书里，青木昌彦用现代博弈理论构造了一个概念和分析框架，以此说明经济制度中的大量联系。更宽泛的讨论是制度如何演化，为什么它们的整体安排是稳健和多元的经济？为什么对环境因素的改变，如技术进步、全球市场一体化、人口结构变化，它们要么改要么不改。

中他们的“→beliefs→”环节是如何变化或保持不变的，这实际上是理解传承与变迁的最关键问题。

演化心理学研究动物和人类行为社会化的过程，是人类和动物通过学习社会行为模式生存。教化就是教会个体接受他生活中的习俗和文化或社会的价值观。个体作为被接受的一员，履行必要的职责，扮演社会角色。最重要的是个体知道划分边界，学会那些社会框架下被接受或不被接受的行为——个人的社会角色，社会和生活中公认的行为方式……教化可以分为有意识的或没意识的：文化是直接传承的，在人还没刻意关注的时候，大多是父母主导的，被告知做对的事，不要做错的事。例如，小孩要东西，会不断被问“你讲什么?”，这是要教会小孩用“请”字。第二种有意识的方法，人们通过周围人的行为模仿学习文化。教化是无意识发生的，通过那些文化中普遍存在的事和行为。所有这三种文化同时并一直发生着。

教化使人成为被社会接受的一员。文化影响人们做的每一件事，不管他们是否意识到。教化是终身的过程，有助于凝聚人们。即使文化发生了变化，核心信仰、价值观、视野和育儿方法还是不变的。多少次当自己的孩子想随大流的时候，父母总是跟孩子讲：“如果你的朋友都跳河了，你也跟着跳?”两者都在环境中扮演着重要角色——孩子想融入同龄人的亚文化中，而父母希望通过直接教育灌输孩子个人思想。这都不仅使一个人被教化，也使其他人被教化。

教化是这样一个过程——个人学习他身处环境所要求的文化，并形成那种文化的合适的或必须的价值观和行为。作为这个过程的一部分，父母、其他成年人和同伴都（有意或无意的）有限的、直接的对个人型塑产生影响。如果成功，教化结果的能力会表现在语言、价值观和文化仪式上。教化过程和社会化过程是联系在一起的。一个人综合的知识、信仰和行为取决于其抽象思维和社会学习能力。而对态度、价值观、目标和习惯的共享，形成了机构、组织和团体的特征。

回到经济学关注的决策行为与制度变迁这个研究对象上，如果要解释制度变迁就必须回答群体中的个体的决策知识，简单地说就是偏好和信念，如何经历自己的行动过程——主要是互动过程，而逐渐形成与变化。这是非常艰巨的、长期的研究任务，包括基于个体发展的不同年龄阶段经历（发展心理学及代际问题），用主观概率调整表示的信念调整研究，偏好的分层稳定，这几个最主要的方面。

其中以策略互动过程为考察对象的经验研究，例如取公共物品实验来考察典型的匿名集体行动合作均衡是否发生的过程，就是一个可以期待在信念学习方面较快得到发展的领域。

朱宪辰

2009年12月于南京紫金山麓

Davis, L. E.; North, D. C. *Institutional Change and American Economic Growth* [M]. Cambridge: Cambridge University Press, 1971.

Gerschenkron, A. *Economic Backwardness in Historical Perspective—A Book of Essays* [M]. Cambridge MA: Harvard University Press, 1962.

Grace, Lindsay. *Handbook of Research on Computational Arts and Creative Informatics: The Challenge of Enculturation in the Arts* [M]. Hershey: IGI Global Press, 2009.

Greif, A. *Institutions and the Path to the Modern Economy: Lessons from Medieval Trade* [M]. Cambridge: Cambridge University Press, 2006.

Gruse, Joan E.; Hastings, Paul D. *Handbook of Socialization: Theory and Research* [M]. New York: Guilford Press, 2007.

Kottak, Conrad. *Window on Humanity: A Concise Introduction to Anthropology* [M]. New York: McGraw-Hill Higher Education, 2007.

Malionwski, Bronislaw. *The Dynamics of Culture Change: An Inquiry into Race Relations in Africa* [M]. Santa Barbara: Greenwood Press, 1976.

Mantzavinos, C.; North, D. C.; Shariq, S. Learning, Institutions, and Economic Performance [J]. *Perspectives on Politics*, 2004, 2 (1): 75 - 84.

North, D. C. Economic Performance Through Time [J]. *American Economic Review*, 1994, 84 (3): 359 - 368.

North, D. C. *Institutions, Institutional Change and Economic Performance* [M]. Cambridge: Cambridge University Press, 1990.

Ortner, Sherry B. Theory in Anthropology since the Sixties [J]. *Comparative Studies in Society and History*, 1984, 26 (1): 138 - 144.

Roland, G. Ten Years after Transition and Economics [J]. *IMF Staff Papers*, 2002, Special Issue (48): 29 - 52.

Roland, G. Understanding Institutional Change: Fast-Moving and Slow-Moving Institutions [J]. *Studies in Comparative International Development*, Springer New York, Vol. 38, Number 4/2004 - 12.

Williamson, J. A Short History of the Washington Consensus [C]. Paper presented at Foundation CIDOB conference held in Barcelona in September 2004, "From the Washington Consensus towards a new Global Governance".

布洛克．马克思主义与人类学 [M]. 冯利等译．北京：华夏出版社，1988.

黄应贵．见证与诠释 [M]. 台北：正中书局，1992.

诺斯．新制度经济学前沿绪论 [M]. 德勒巴克等编．北京：经济科学出版社，2003.

尤林．理解文化 [M]. 何国强译．北京：北京大学出版社，2005.

于保平．诺斯的"制度国富论"——诺斯访谈录 [N]. 21世纪经济报道，2002 - 04 - 10.

导 读

近年来，经济学与认知科学的结合越来越紧密，许多经济学理论的新进展都来源于这种跨学科的研究。随着神经科学、脑科学、人工智能、认知心理学、语言学、人类学和心智哲学等认知科学对个体心智和认知的研究日益深入，经济学家也开始重视研究认知对个体行为、制度和经济绩效等的系统性影响，产生了行为经济学（例如，Kahneman & Tversky，1979；Simon，1978；Knetsch，1989；Schmid，2004；Schandler，2006）、神经元经济学（例如，Dorris & Climcher，2003；Aldo Rustichini，etc.，2007）、心智经济学（economics of mind，例如，Montero & White，2007）、语言经济学（例如，Taylor & Francis，2007）和跨学科综合学派（例如，Fehr，2003；Bowles & Gintis，2004；Gintis，2007）等基于认知科学的经济理论。其中，个体认知或知识状态对个体决策行为或博弈策略的影响，进而对制度生成和演变等的系统性影响，受到越来越多经济学家的重视。“知识”、“行为”和“制度”三者存在复杂的相互反馈关系。主流的研究通常忽视了这种复杂的关系。当前，许多经济学理论的发展都集中在对这三者复杂关系的阐释上。这不仅推动了演化经济学和行为经济学等非主流经济学的发展，也推动了主流经济学理论的发展。例如，以诺斯（North，2005）等为代表的经济学家开始重新思考新制度经济学的研究范式，尝试拓展个体理性假设，从个体认知结构和共享心智模型来阐释制度生成和制度变迁。这也促使新制度经济学与旧制度经济学的研究差异日益缩小，并呈现相互交融的趋势（Dequech，2002）。同样地，经典博弈也尝试从个体认知的视角拓展其理论视野，发展出演化博弈和主观博弈（例如，Weibull，1995；Young，2007；Schotter，2008；Aoki，2001，2009）。

章平博士的这本著作则充分体现了该领域的研究前沿，其内容主要在于揭示个体认知对于博弈或社会互动的作用与影响，这是一个极其重要而又复杂的基础性问题。无论是经典博弈还是演化博弈都存在对共同知识的预设，即参与者对博弈模型的共同认知。这显然是一个很强的假设。在许多情况下，博弈参与者之间可能不拥有关于博弈的共同知识或客观知识，每个参与者仅仅依据其主观博弈模型采取策略。因此，个体的认知状态将影响其主观博弈模型，从而影响其策略行为，进而影响制度的生成和演变。个体学习过程可能分为两个层面：其一是学习博弈模型，即主观博弈的建立过程；其二是在既定博弈模型中学习对手的策略行为，即当前流行的学习理论。应该说，这两个层面的学习并非截然分开的，还存在许多相互的联系。而制度的生成和演变则是在此两种学习力量的共同促进下展开。

这本著作除了是一本基础性的理论研究著作，还具有很强的现实问题意识。其选择的案例也具有代表性：通过对南京市住宅小区的两次抽样调查，作者发现了认知上的不协调或共同知识的缺失，是导致住宅小区共享资源治理转型困境的重要原因。作者主要关注“如何刻画知识异质性个体在同一个社会环境中互动协调、调整信念和决策规则以习得新场景下决策知识的过程”。这显著区别于集体行动和公共物品理论等对“搭便车”的关注。作者从中也得出了许多独特的见解，这为解决共享资源治理困境提供了新颖的思路。

本书共有五章。第 1 章是问题的引出。作者从住宅小区共享资源治理转型引出本书的理论问题和现实问题。通过对当下中国转型社会的制度环境及特征的阐释，以及对南京市住宅小区的调查，作者提出“治理主体认知不协调和个体间的知识异质性”是影响参与者实现合作均衡的重要原因，并界定了几个关键概念，以及解决问题的思路和方法。第2章是文献综述。作者梳理了文献对共享资源治理的研究思路和方法及其行为学和知识学转向，尝试在转型研究中引入知识获得和学习过程的研究视角，综述了共享资源治理研究新进展、治理转型的知识经济学、个体决策与学习行为、行为博弈论与实验经济学的新进展等。第3章是本书的理论深化部分。作者首先阐述了理论解释框架的方法论、目的、基本框架和假定，然后在已有学习模型基础上，尝试建立基于适应性学习和老练学习的信念形成模型，指出老练学习和策略指导存在的可能性以及策略指导的作用机制。第4章是个体间互动过程中学习行为与策略指导的实验研究。作者阐述了研究动机、问题细化、实验设计程序和过程、实验数据与结果的一般性描述，主要研究了三人多重纯策略纳什均衡博弈、两人唯一纯策略纳什均衡博弈和两人多重纯策略纳什均衡博弈等三类重复场景下的老练和策略指导行为、个体信念和决策规则调整，特别是知识异质性对于上述行为的作用机理，尝试在z-Tree实验平台上设计博弈学习实验，检验理论模型中推演出的若干命题和假设，并回答转型期中国的一些现实问题，即共享资源治理转型中的个体学习和知识演化机制。第5章是本书的结论。作者总结了实验检验的一些主要结论，并回到现实问题，提出解决住宅小区共享资源的思路。作者认为，作为住宅小区共享资源局部治理制度的微观主体，业主的知识更新是决定该项制度变迁成败的关键所在。作为住宅小区共享资源外部主体的政府，能够做的是积极实现从管理到服务的职能转变，从制度上为共享资源自我治理扫清障碍，避免实施强化业主完全依赖政府的信念，阻碍学习新决策知识的政府行为。

章平博士的这本著作，无论是从理论深度、问题意识来看，还是从分析方法和分析工具的运用来说，均与这个学科的发展同步，在某些方面处于国内领先。

黄凯南

山东大学经济研究院（中心）

2009年12月

致　谢

本书是在笔者博士学位论文的基础上修改完善而成的。从初入南京理工大学，到获得学位，业师朱教授宪辰，是笔者首先要感谢的。从本科阶段的授课到研究生时的朝夕相处，朱师言传身教，以其丰富的阅历和知识，指导笔者人生和学业的进步。师母袁慧，名副其实，是我在南京的母亲。在宁求学多年，师母代理了母亲对孩子的操劳，关爱备至。

南京理工大学经济管理学院为笔者的科研工作提供了良好的实验条件。老师王惠霞、张萍玉，同学曾华翔、黄凯南、李玉连、张漪和沙磊，对我学业、生活颇多照顾，良师益友，所得匪浅。白晨、戴燕、张晨琤，在数据搜集和分析、实验程序编写方面鼎力相助。还要感谢张小敏、屠海良、虞羽、吴函阳、贾菁菁、李妍绮、宋铮、韩岭等参与两次南京市住宅小区调查和博弈实验的同学，为本书提供了翔实可靠的数据。

瑞士苏黎世大学 Urs Fischbacher 教授慷慨授权使用 z-Tree 实验平台，使得本书在实验技术上有所支撑。台湾清华大学黄教授春兴，在笔者写作过程中给予指点，对笔者今后的工作和学习，尤其是对奥地利学派理论的入门，帮助甚大。

毕业、工作一年有余，深圳大学中国经济特区研究中心主任钟坚教授为笔者创造了良好的工作环境，诸位同事待人真诚热情、工作严谨负责，感染激发了笔者，也使得本书得以顺利出版。

浙江大学出版社赵琼编辑以其独到视角和专业精神，细致认真地承担了全书的编辑、校对以及其他本该作者完成的繁琐工作，这里专门致谢。

最后，感谢我的父亲和母亲，他们依靠自己的耕作，抚养儿子读书二十年，顺利完成博士学业。一耕一读，似在延续一种知识传统。

章　平

深圳大学中国经济特区研究中心

2009 年 10 月

目　录

1　由住宅小区共享资源治理转型引出的问题

中国目前所处阶段，可谓“千年未有之变局”[1]。在文化、社会和经济上从传统到现代的三重转型过程中表现出了诸多不适应：承载着两千余年乡土社会知识传统的人们，如何适应转型期特有的不确定性？在几经演变的社会控制结构中，如何与他人协调互动？这些都是不可回避的问题。

尤其是在涉及诸多个体共有、共享、共用的公共服务领域，个体间行为互动方式的变化，势必导致其治理模式的转换。观察处于社会较底层的民间治理，20 世纪初封建制度瓦解后，民国政府仍保留了“皇权不下县”的政治传统，即在基层由百姓自发提供公共服务、由乡规民约维持秩序，使得政府行政职权之外的共享资源，如治安、道德规范不断延续并发挥其作用。到了 20 世纪 50 年代，由于社会基本制度变迁，纵向的金字塔形的行政管理体系通过一次又一次的运动不断延伸，解构了几千年来乡土中国一贯的宗法社会秩序和结构，摒弃历来由绅权主导、自我约束、提供公共服务的制度和知识传统。但是显然，政府无力负担巨大的公共服务支出以满足全民需求，也不具备相应的决策知识和信息以管理如此庞大的由上至下一体化的社会系统。[2]随着 20 世纪 80 年代开始的经济体制转型，政府既想要保留垂直的权力控制体系，又不得不推行水平协调的市场化，即政府处于权力维持与退出的过渡过程和管理模式的探索阶段。

在这一复杂的社会过程中，中国经历着“启蒙与救亡的双重变奏”，[3]而对身处其中的每个社会成员，借用汪丁丁点出的知识沿时间和空间的互补性理论，[4]共同知识在这期间出现了断层，表现为文化主体性的缺失，恰为我们探究社会转型与知识习得问题提供了绝佳的素材。本书将从微观行为机制考察：在一定的知识传统下，当个体经历从同心圆式[5]的私人联系到等价交换的匿名关系，从依赖科层化的垂直行政权力支配体系向市场化水平协调规则体系转型时，其认知状态发生的变化、信息积累和知识更新过程，即通常所说的观念的转变，及由此引起的决策规则调整。

转型过程中的典型例子是20世纪90年代大规模推进的城镇居民住房制度改革，使城镇居民纷纷成为商品房或房改房的“产权人”。先于业主的认知状态和行为模式调整，政府已经通过推出正式制度退出了住宅小区中“既非家庭私有又非社会公有的被一定范围内私人共享”的资源治理领域。随着大量住宅小区的建成与入住，互不相识的（超越传统熟人社会）业主们围绕小区共享资源展开的集体行动日渐增多，业主关于共享资源的自理能力发育实质上是认知状态的调整和决策知识的更新习得。

在本章中，笔者首先分析本书关注的住宅小区共享资源治理所处的制度转型背景及其特征，并通过对南京市住宅小区的抽样调查数据分析指出——中国的多重转型环境中住宅小区共享资源治理困境的本质是由于治理主体自身决策知识限制导致的认知不协调。从而提炼出本书尝试解释的问题：认知不协调和认知协调的两类个体如何在同一个社会环境中互动协调，在这一过程中，认知不协调的个体如何应对新场景下的新问题？根据现实世界中的观察，我们引入作为一种协调机制的老练和指导策略，即具备应对新场景的决策知识的个体通过指导策略将尚未具备该知识的个体导向认知均衡状态，从而使之习得新知识。

1.1　当下中国转型社会的制度环境及特征

林毓生指出，“传统中国社会的文化道德秩序和社会秩序被整合于政治秩序”[6]。由中国政府主导的改革开放已经有 30 年了，这一制度变迁过程同时伴随着社会文化秩序和个体行为模式的转型，这一过程是诺斯晚近理解经济变迁过程中“相对价格变化和观念两者的确切关联”中所指出的“非遍历性（non-ergodic）环境”的典型[7]。因此，本书首先以政府行为的激励为切入点，扼要分析中国社会经济制度的变革历程，在这一过程中找到本书提出的研究问题所处的位置。这一节的任务是关于住宅小区共享资源治理问题缘起的制度环境考察，给出若干基于改革经验的直观判断，进一步地在下一节通过田野抽样调查予以实证研究。

1.1.1　始自财政压力的住房制度改革：政府退出供给、责任主体虚置

本书的思考源于熊彼特的洞察（转引自文献［8］）：政府所有的功能都需要财政支撑，政府的所有行为都会反映到财政上。他论证：“从国家财政入手的这种研究方法，在用于研究社会发展的转折点时，效果尤为显著，……在社会的转折时期，现存的形式相继陨灭，转变为新的形式。社会的转折总是包含着原有的财政政策的危机……”张宇燕和何帆也指出，“财政决定改革的起因和路径”[8]。

本书依此线索考察中国 1978 年以来的改革动因及进程，首先看改革初期的财政收支状况。文献［9］的资料表明，从 1979 年到 2001 年的 23 年间，国家财政有 21 个年份出现赤字。1985 年，在 2 000 多个县级单位中，赤字县所占比例为 22%。面对财政压力，政府既因维持稳定需要而履行公共服务供给责任，又要解决财政问题，便不得不进行强制性的政策调整——“放权让利、放水养鱼”，“分

灶吃饭、财政包干”等一系列名词成为这一时期的财政政策的形象概括。中国改革采取的是先减少财政收支缺口，促进经济增长，发展拥有赢利空间的新兴产业，并部分弱化（退出）政府在诸多公共领域的管制和供给，向拥有足够负担能力的新兴部门筹资，以维持财政运转。因为权力支配体系与相应的支付责任是相互依存的，政府不再负担财政支出，其权力控制能力便会减弱（权力的下放和在某些领域的退出）。这里我们主要关注的是政府在某些公共服务领域的供给退出，这是本问题的主要背景。

作为在计划性行政体系下解决财政压力的第一阶段措施，政府首先放弃垄断性的财政控制。相应的，原先的单位成为新制度体系下的“包袱”，其财政预算变得捉襟见肘。此外，随着指令性经济计划逐渐消失，社会从国家的全面控制中逐渐脱身，政府放弃对个人和家庭事务的控制。国有企、事业单位改革不断推进，计划体系的逐步衰退，意味着“上级机关”失去了足够的财力为下级机构拨付足够的“单位办社会”式的活动经费，无法满足单位员工的所有福利要求，其管理、维护更新的支付来源被切断。①

住房制度改革被认为是中国市场化的“最后堡垒”。改革之前，行政管理系统实行的是“直管房”制度，从中央直到区一级的住房管理都是由房管部门管理掌握——直管公有住房，当然直接管理也就意味着住宅的维护更新责任也归于管理者。公有住房的起源主要是建国后没收的私有房产，收归国有、分配到单位之后实行实物福

---

① 文献［10］中的调查显示（由于改革前的数据统计困难，只能引用1997年国家统计局下属的美兰德信息公司在中国30个省、自治区、直辖市及71个城市，对15 600户居民家庭进行的入户调查结果，调查总体覆盖了中国2亿居民。即用推行改革之后的情况说明改革之前的状态，可以肯定的一点是，住房制度改革前的单位实物分配范围大于改革后），1997年北京、天津、上海、重庆、广州5城市居民住房仍主要依靠单位分配，其中上海市居民现有住房仍有62.48%属于单位公房性质，列5城市之首；北京44.76%；广州以38.46%的比例居5城市之末。在以上几个处于中国“改革前沿”的主要城市在房改之后的单位实物住房分配范围上如此之广，可以推断，改革之前全国的住房福利体系承担支付的庞大性。

利住房制度，部分以低价租给没有单位的城镇居民。

国家级的、省部属单位，大型的国企等实行分层管理，即“自管房”，公有住房的产权主要由各单位自行支配处理，其管理维护更新的义务也由单位承担，即单位办社会。

李斌在一份研究报告中归纳了政府行为的明确动机[10]：“作为政策推行者的政府希望通过住房制度改革在最低的目标上实现减轻财政负担；中层目标是实现住房资金的快速回笼，加速新的住宅建设；远期目标是建立一个公平而有效率的住房体系，促进劳动力的合理流动；直接目标和动力就是实现新的经济增长点，带动其他产业的发展。”

此间，国家政府在住宅小区的事务管理中逐步弱化，各级财政单位预算的来源（上级机关）紧缩，不再承担职工的所有社会福利。具体到住宅及相关的居民共享配套设施的维护更新，事实上也已经没有了由单位承担的可能性。因此随着住房改革制度的变化，住宅小区的责任主体在发生变化，客观上，购房业主（家庭）成为住宅小区共享资源的权利、责任和义务的主体。但是，政府退出住宅小区内的更新维护领域之后，住宅小区共享资源治理事实上的责任人——作为当事人的小区业主是否在认知上调整了原先计划体制下依赖政府的预期，习得了市场中自主决策、协调合作的新知识，仍然是一个问题。

1.1.2 经营城市：政府部门与开发商的强势结合

“在转轨时期新兴组织的寻利活动是经济增长的主要来源。”[11]随着原有财政来源部门的弱化或已达到极限，政府更为努力地开发新的财政来源，挖掘财政收入增加的潜力，以平衡收支、维持基本的公共物品供给。与国家权力在经济领域不断收缩的同时，非国有部门得到扩张，积累了大量财富，形成了体制外的经济精英。

在上述背景下，公共权力与新兴私有资本之间的关系发生了微妙的变化[12]：第一，20 世纪 80 年代末开始形成的“稳定话语”，形成了经济精英与政治精英联盟的基础。双方共同认识到，“不稳定”

既不利于公共权力的维持和强化，也不利于企业的经营。因此，保持稳定是双方共同的利益之所在。第二，在地方和基层的层面上，经济精英与政治精英建立了密切的关系。结果是公共权力与私有资本之间达成了一种默契，文献［13］的数据表明，1978—1995 年国家财政收入增加了 5.1 倍。

具体到房地产业，国家权力在该领域的弱化，才使得地产商进入该新兴的利润率诱人的行业。政府垄断土地，可以通过从地产商处征税甚至寻租保证财源。此外，根据政府职能部门的业绩考核指标，"经营城市"成为时髦，即城市面貌的改善（旧城改造、高楼大厦、市民广场和宽阔道路等等基础设施所带来的视觉效果）。地产商通过政府垄断住宅建设和经营，其私有资本投资增值的同时，既可以满足行政部门的这一职能需求，又不在政府的财政预算之列。在市场环境中，国民经济的持续增长更需要经济精英的不断壮大；有利于他们财富创造的市场化改革又带来经济增长，而经济增长可以加强政府的执政权威，如此的"良性"循环决定了政府部门与企业家的协调与合作。因此房地产开发商与政府在利益上是可调和的：开发商能够满足政府的业绩指标，在城市进行动迁，并投资开发各类建设工程；行政主管部门可以借助拥有的行政资源节约开发商的生产成本。

但是，这为住宅小区治理设置了障碍，尤其是在转型期：政府作为改革者完成了强制性的制度变迁，但是作为接受者的购房业主尚未认识到自己在小区公共事物治理中的主体地位，完成从依赖政府到自主决策的学习过程。显然，这为地产商参与住宅小区公共事物的利益纠纷埋下隐患。下文将更详细地说明，政府虽然在财政上退出供给这一公共服务领域，但它天然拥有计划体制延续下来的行政权力管制体系，在地产商与业主的利益界定问题上具有偏袒地产商的激励。

1.1.3 行政权力管制的惯性依然不减

在简要梳理了中国改革中大范围的制度变迁之后，有必要考察改革过程中（本书认为转型尚未完成）的行政权力控制体系的变化。

综观整个改革过程，计划经济体制下的经济管理方式虽然经过改革逐渐被市场代替了，但正如许多文献所直陈的，计划经济体制的两个基础仍然存在："一是从中央到地方的、改革前行使集权式管理的庞大的党政部门和垄断性国有机构的组织架构并未解体，而只是作了某些合并或换一些名称，其潜在的可以随时插手日常经济活动的权力从未被取消或否定过；二是党政干部和垄断型事业机构的员工依然享有相当高的政治社会地位，他们的活动能量比改革前只有过之而无不及。"[14]

作为政府，推行改革实质上是在持续原先权力控制体系的前提下的一种解决自身压力的方式，有"退"有"进"、有"收"有"放"，都是改革推动者经过在供给责任负担与权力维持延伸之间的权衡、取舍，整个自上而下的权力控制体系的根基并未改变，政府完全可以实施和过去相似的干预活动，变化的只是手段。

在操作层面，各类主体的权利、责任和义务发生此消彼长的动态变化。对于作为政策接受者的社会成员来说，改革变化的是政府政策（管理方式），对其赖以作用的行政权力体系的权威性和依赖性的预期并未改变。

在微观层面，以往计划体制下形成的、深受中国传统文化影响的对自上而下的行政权威的认可，经过数十年的强化，已经成为人们生活方式的组成部分，基本维持稳定。政府推动的改革只是政策上的变动调整，人们对原有管理控制体系产生的预期并未发生变化——仍保持原来计划体制下的思维习惯。

这是本书根据中国改革经验所做的一个直观判断，至于面对社会转型，计划经济的生活方式依然存在，在新的市场体制下各种需要独立决策的领域，人们需要不断学习，以获得与他人协调、交换和合作的知识。在本章下一部分，将根据实地调查得到的数据，给出转型过程中人们决策知识和认知状态的一个截面状态的实证研究，检验上述判断。

1.2 作为治理主体的业主认知不协调

近些年，将认知过程纳入制度变迁分析框架，逐渐成为制度变迁理论的重要组成部分。在理论上，经济学家们越来越重视制度的认知内涵以及认知行为在制度变迁中的影响和作用。制度不再仅仅是新制度学派早期谈论的客观和外在的约束，而是增加了许多主观或认知的内涵。这些主观的认知内涵既是保持制度相对稳定的平衡力也是推动制度变迁的能动力。制度变迁应该被理解为个体心智模型与环境互动调整的过程，是一个适应性或试错的学习过程，也是一个认知调整的过程。内隐的认知调整和外显的制度变迁具有某种程度上的同构性。Masahiko[15]将传统博弈论“参与人对博弈过程的客观结构具有完备的知识”的假定修正为“参与人对于博弈结构只拥有个人的不完备观点”，提出基于个体学习和认知调整的主观博弈模型（subjective game models）。在 Masahiko 的模型中，制度被定义为共有信念的自我维系系统，起到协调参与人信念的功能；制度变迁就可以被解释为共有信念或主观心智模型的调整过程，即“当这些主观博弈模型所导致的行动决策未能产生预期的结果，一种普遍的认知危机便会随之出现，并引发人们寻找新的主观模型，直到新均衡实现为止”。在上述理论的启发下，许多制度分析学者也逐渐重视制度和制度变迁的认知根源，从不同层面深化和细化了制度的认知分析。典型的，朱宪辰和黄凯南的偏好分层模型[16]尝试通过考察个体信念和决策规则（包括个体间行为互动、个体与外界信号之间复杂的相互关系），来解释个体局部知识、个体间共同知识的演化和制度变迁。本书尝试将朱宪辰等人发展的模型用于考察共享资源治理制度转型过程中的个体认知状态。

1.2.1 研究动机和基于偏好分层模型的理论假设

针对个体认知状态调整与共享资源制度转型之间的匹配关系，本书提炼出关于共享资源治理制度转型中个体认知状态的理论假设：在独立场景下，对于共享资源治理的权利、责任和义务，业主都对应着特定的知识联结；在由计划到市场的制度转型过程中，面临复合场景，业主发生认知冲突。然后，通过运用2003年和2005年两次抽样问卷调查所得的经验数据，回答如下问题：在独立场景（政府供给的计划体制）和复合场景（由计划到市场的转型）下，个体相应的知识联结和认知状态发生什么变化？从统计上看，两个具有时间跨度的截面状态是否具有显著差异，为什么？从各个相关变量的数学特征看，个体在转型期场景下认知状态的调整趋势及其对共享资源的治理制度转型的作用如何？

在重复的场景 S_i 中，个体基于学习能力将信号 i 的后果预期，与自身的内层稳定偏好、基本赏罚进行对照形成对于该信号的行为反应——获得了知识（建立了联结），在特定的场景 S_i 中是稳定的，与之相对应的认知状态设为 C_i。随着场景改变，个体的知识有可能发生变化。受到不同场景下的信号刺激，个体可能会启动不同的知识联结及与之对应的决策规则。具体地，本书假设：

H1 在独立场景下，对于共享资源治理的权利、责任和义务，业主认知状态中都对应着特定的知识联结。

在场景 S_i 中，个体认知状态为 C_i，与之相应的知识联结 K_i；在场景 S_j 中，个体认知状态为 C_j，与之相应的知识联结为 K_j。

当发生场景变换（$S_i \to S_j$）时，可能的情况是：（1）个体的认知状态仍为 C_i，没有依场景转换做出适应调整；（2）个体的认知状态随场景转换从 C_i 调整为 C_j，相应的知识变为对应于场景 S_j 的 K_j。

在不同的独立场景中，个体对于某一特定信号刺激的知识联结可能发生变化。

H2　在由计划到市场制度转型的复合场景下，业主发生认知冲突。

在以科层化的行政权力体系为核心的计划体制（记为 $\boldsymbol{T_i}$）下，在城镇住宅小区共享资源治理中，面对独立场景 $\boldsymbol{S_i}$，具有 $\boldsymbol{T_i}$ 知识传统的个体认知状态（记为 $\boldsymbol{C_i}$）是，启动的知识联结（记为 $\boldsymbol{K_i}$）为依赖政府承担完全的维持、更新的供给责任，相应的收益、决策权力也由政府统一纳入计划体系支配。

在以交易协调规则体系为核心的市场体制（记为 $\boldsymbol{T_j}$）下，在城镇住宅小区共享资源治理中，面对独立场景 $\boldsymbol{S_j}$，具有 $\boldsymbol{T_j}$ 知识传统的个体认知状态（记为 $\boldsymbol{C_j}$）是，启动的知识联结（记为 $\boldsymbol{K_j}$）为自身作为集权、责、义于一身的“产权人”自我协调治理共享资源，此时个体拥有该资源的决策权力、收益，并承担与之对应的供给责任。

当个体面对上述两个场景同时出现（复合场景）时，就可能出现与新古典标准假定相悖的现象。当“科层化的行政权力体系（外部权威）与市场交易规则体系（自发自愿）共同作用于共享资源治理”，记为 $\boldsymbol{S} = \{\boldsymbol{S_i}, \boldsymbol{S_j}\}$，此时业主原有独立场景下对应的认知状态，与新接受到的信号、事件之间产生对立性矛盾（脱节、反差），即认知冲突（同时也表现为知识联结 $\boldsymbol{K_i}$ 和 $\boldsymbol{K_j}$ 冲突，如图 1.1 所示）。

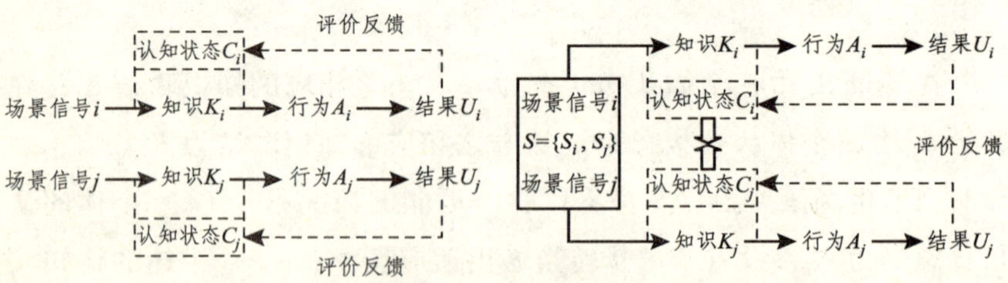

图 1.1　场景依赖的偏好关系及其认知状态

由此，我们可以将上述理论假设具体表述为：

制度转型过程中，对新旧场景下共享资源损失、决策支配权利归属的认知、个体的知识联结存在冲突：在科层化的行政权力体系下，个体完全依赖政府供给住宅小区共享资源；在由科层化的行政权力体系向市场交易协调规则体系转型过程中，一方面政府退出供给，一方面需要个体自我治理、承担对称的权力责任和义务。在复合场景信号刺激下，个体对上述内容的认知存在冲突，即趋向支配决策权力、回避与之相对应的供给责任（成本损失）。

1.2.2 数据来源、变量构造和信度分析

针对南京市区的住宅小区共享资源治理与业主认知状态，我们分别在2003年10月和2005年10月组织了两次随机选取的实地样本调查获取经验数据。

样本调查主要考察被调查者（业主）的偏好、认知状态和知识结构以及共享资源治理制度发育过程。主要内容包括：业主拥有的信息，这可以反应他们的预期偏好；业主委员会的实际运行状况，即共享资源的使用、供给、产权边界和参与各方运营及相互关系（如与物业公司、开发商、政府部门之间）等情况。2003年和2005年两次调查均采取截面数据研究，即选择特定时点，对不同小区不同地点进行调查，而非按时间序列跟踪调查。围绕上述调查目的和调查内容，本次调查针对若干小区样本点主要采用问卷方式；对数据进行认知状态和实际状态类描述，便于分析业主对自己的权、责、义和小区共享资源治理模式的认知状态。

2003年的调查问卷内容在结构上分三块，第一块为小区内物业管理运行的基本状况，第二块为小区内已有业主委员会的运行状况，第三块为业主对小区共享资源治理状况的认知。在问卷调查同时，辅之以访谈方式，访问住宅小区内的各种人员，包括住户、物业公司管理人员等。2005年的调查问卷在继承第一次调查的基础上有所

改动。

第一次（2003 年 10 月）调查随机抽取南京市区的 30 个小区，每个小区随机访问 30 位业主，共计 900 份问卷，其中有效问卷 878 份；第二次（2005 年 10 月）调查在第一次调查的小区基础上，根据实际情况做了取舍，选取南京市区的 28 个小区，每个小区随机访问约 30 位业主（有一个小区发放了 60 余份问卷），共计 900 份问卷，有效问卷为 865 份。

根据第三部分的理论框架，构建如表 1.1 所示的检验变量以及各自的测度指标。

表 1.1　调查变量表

符号	变量	测度指标	问题编号
V_1	资源供给责任（损失后果）认知	由谁承担保修期满后小区排水排污系统维修费用	1e
V_2	资源决策权力归属认知	由谁来支配小区绿地改造决策权力	4a
V_3	依赖政府治理预期	物业管理费每平方米收多少钱应该由谁敲定	1f
V_4	资源治理模式预期	业主委员会主任、委员、代表和业主之间的关系	4e

为了避免数据结构选取偏差，我们在抽样调查过程中采取了如下措施：第一，主要针对商品房，在南京房地产网的商品房里随机选取已经交付使用的房子，排除了处于待售状态的现房和在建期房。第二，按照随机抽样原则选取样本点，住宅小区的房屋性质应有异质性（heterogeneity），以取得不同性质房屋的产权人对业主委员会的了解和业主委员会的运行现状等数据；住宅内的业主应有异质性，从不同年龄层次、不同收入层次获取数据以反映住宅小区共享资源治理过程。第三，两个截面样本点选取的连续性，在 2003 年抽取的 30 个小区基础上，2005 年的 28 个小区中有 17 个是 2003 年调查过的，另外的 11 个由于物业阻拦等原因改取相邻且相似的小区作为替代。

为了评价抽样问卷调查获得数据的可靠性，本书首先在2003年9月从南京市某住宅小区随机抽取30位业主进行问卷调查（收回有效问卷26份），信度分析显示本书问卷分析所涉各项目（问卷中的编号为1a、1b、1c、1e、1f、4a、4e的问题）的Cronbach's Alpha信度系数0.777（约为0.8），说明问卷具有较好的内在信度，依此调查得到的数据是可信的，基于问卷进行的数据统计分析结果也较可靠。

1.2.3　独立场景下知识联结形成的认知状态

从图1.2和图1.3可见，两次截面数据中，变量V_1和V_2在各个样本点的取值分布，如假设H1和H2，从问卷设置的独立场景来看，大部分个体都能够建立"场景信号—认知状态—决策空间—行为反应"的知识联结，回答"不知道"的业主所占比例较低。

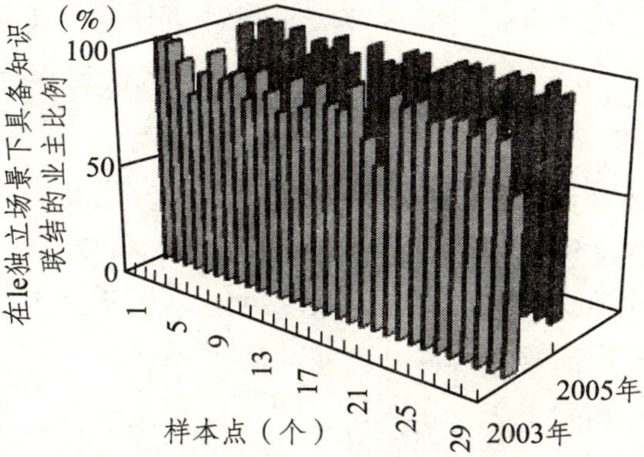

图1.2　1e设计场景下建立知识联结的比例分布

从变量V_1对应的问题1e来看，不论受访业主认为小区共享资源维修更新责任应该属于谁，大部分人已在各自知识传统和以往经历的基础上，在独立场景下建立了知识联结，图1.2显示：

第一，在2003年的数据分析结果中，从受访业主对问卷的回答分布可以看出，27个样本点的"已经明确小区共享资源维修更新的

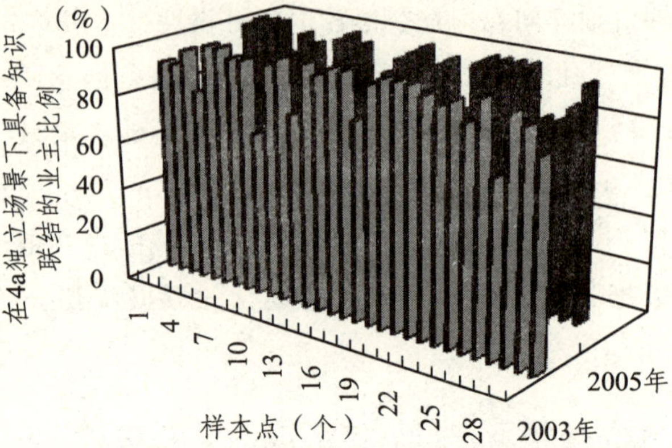

图 1.3　4a 设计场景下建立知识联结的比例分布

责任承担者（主要可以分为成员业主自己和业主以外个体）的业主所占比例”达到 80% 以上，只有 0304、0320 和 0330 三个小区的比例处于 70%—80% 之间，30 个样本点平均比例达到 91.65%。

第二，2005 年的数据分析结果中，总共有 28 个样本点，其中 27 个小区的“已经明确小区共享资源维修更新的责任承担者的业主所占比例”达 90% 以上，除编号为 0507 小区的比例为 88.9%，平均值为 95.90%。

同样，从变量 V_2 对应的问题 4a 来看，大部分受访业主已经建立了共享资源支配权利这一独立场景下的知识联结，图 1.3 显示：

第一，在 2003 年的数据分析结果中，从各个样本点受访业主对问卷中该问题的回答分布可以看出，有 27 个样本点“已经明确小区共享资源支配权利主体（主要可以分为成员业主自己和业主以外个体）的业主所占比例”占到 80% 以上，只有 0309、0312 和 0327 三个小区该指标的值处于 68%—80% 之间，平均值达到 93.13%。

第二，2005 年的数据分析结果中，27 个样本点“已经明确小区共享资源支配权利主体的业主所占比例”达 80% 以上，只有 0508、0512 和 0519 三个小区的比例低于 80%，平均值为 92.30%。

综上，对比 2003 年和 2005 年的两次调查数据分析结果，可知：

分析结果1　在独立场景中，大部分业主能够形成“场景信号—认知状态［偏好集合］—决策空间—行为反应”的知识联结。但是处在制度转型阶段，由于各自知识传统、经历和信号处理机制的异质性，形成的知识联结并不一致。

具体地，本书考察的转型期城镇住宅小区共享资源治理过程中，在问卷设计的“由谁来支配小区绿地改造决策权力”独立场景中，绝大部分业主都已形成各自不同的知识联结，为了便于抽象研究，本书主要简化识别了两类不同的知识联结：资源决策权力属于资源共享群体成员自己和群体外部利益主体（包括政府、开发商、物业管理公司）。

在问卷设计的“由谁承担保修期满后小区排水排污系统维修费用”独立场景中，绝大部分业主都已形成各自不同的知识联结，本书也主要识别了两类：由共享资源群体成员自己或群体外部利益主体（包括政府、开发商、物业管理公司）承担共享资源供给责任（损失后果）。

上述不同知识联结的形成主要与业主的以往经历和知识传统有关。在制度转型的过程中，从2003年和2005年两次调查数据来看，在上述独立场景下具有特定知识联结的业主比例总体上仍在上升。

1.2.4　复合场景下认知不协调检验

为检验在复合场景下，个体认知冲突的存在性，首先构造一个新的变量 $W=V_2-V_1$，变量 V_2 对应于调查问卷设计的问题4a，根据对各个选项的赋值，$V_2=\{-1, 0, 1\}$；V_1 对应于问题1e，$V_1=\{-1, 0, 1\}$。当个体被置于问题4a设计的场景时，假设其认知状态为 V_2；在问题1e设计的场景时，假设认知状态为 V_1；当同一个体面对这两种场景时，个体的认知状态为 $W=V_2-V_1=\{-2, -1, 0, 1, 2\}$：

当 $W=-2$ 时，面对复合场景信号作用，个体的认知状态是共享资源的决策权力由他人支配，自己承担其维修更新成本，这与本书考察的转型期原先拥有计划知识传统下的个体基本预设不同，可视为样本调查的随机误差从样本总体中剔除；

当 $W=\{-1, 1\}$ 时，在问卷设计的场景中，个体尚未建立相应的知识联结（问题选项为“不知道”），这与本书对个体具有两个独立场景的知识结构的假设不符，暂时不作考虑，从样本总体中剔除；

当 $W=0$ 时，个体在转型期复合场景下的认知具有逻辑一致性；

当 $W=2$ 时，个体在转型期复合场景下，各自对应的知识联结发生矛盾，存在认知冲突。

1.2.4.1　分别对单个受访小区的检验

假设样本总体服从正态分布，按照 30 个受访小区将样本总体分为 30 组（各个样本容量见表 1.2 和表 1.3）。构造检验统计量，若各小区的 $W=0$，则认为该小区业主个体在两种场景下的认知状态是协调一致的。关于均值 μ_0 的检验采用 t 检验。设总体 $W\sim N(\mu, \sigma^2)$，其中 μ 和 σ^2 未知，因此构造原假设和备择假设，H_0：$W=0 \leftrightarrow H_1$：$W>0$。取显著性水平 $\alpha=0.01$，可以构造检验统计量 $t=\dfrac{\overline{W}-0}{s_i\sqrt{n_i}}$，其中 s_i、n_i 分别是第 i 个受访小区的标准差和样本容量。易知，拒绝域为 $t\geqslant t_\alpha(n-1)$。

计算得每个小区样本数据的均值和标准差，每个小区 t 统计量值与 t 临界值对照，若前者大于后者，则可说明落在拒绝域，认为 W 显著异于 0，个体认知状态没有协调一致，则认知冲突的存在性得证；反之，接受原假设，认为业主对此认知协调一致。

表 1.2 和表 1.3 是按照上述步骤计算所得的结果。表 1.2 是根据 2003 年调查数据处理结果，编号 0301 到 0330 总共 30 小区的 t 统计量值均落在拒绝域内，拒绝原假设，接受备择假设 H_1，可以认为 W

表 1.2　2003 年调查 30 个受访小区 W 的 t 检验相关描述（显著性水平为 0.01）

小区编号	0301	0302	0303	0304	0305	0306	0307	0308	0309	0310
样本容量	21	18	20	12	25	25	26	26	19	26
均值	1.24	1.33	1.40	0.83	1.44	1.68	1.31	1.23	0.95	0.92
标准差	0.995	0.970	0.940	1.030	0.917	0.748	0.970	0.992	1.026	1.017
t 统计量	5.710 9	5.817 2	6.660 6	2.791 5	7.851 7	11.229 9	6.886 3	6.322 4	4.036 0	4.612 7
t 临界值	2.528 0	2.566 9	2.539 5	2.718 1	2.492 2	2.492 2	2.485 1	2.485 1	2.552 4	2.485 1
小区编号	0311	0312	0313	0314	0315	0316	0317	0318	0319	0320
样本容量	28	25	24	28	24	24	20	29	30	25
均值	1.79	1.44	1.67	1.36	1.17	1.42	0.90	1.66	1.20	1.52
标准差	0.630	0.917	0.761	0.951	1.007	0.929	1.021	0.769	0.997	0.872
t 统计量	15.034 6	7.851 7	10.750 7	7.567 2	5.692 0	7.488 2	3.942 1	11.624 7	6.592 4	8.715 6
t 临界值	2.472 7	2.492 2	2.499 9	2.472 7	2.499 9	2.499 9	2.539 5	2.467 1	2.462 0	2.492 2
小区编号	0321	0322	0323	0324	0325	0326	0327	0328	0329	0330
样本容量	28	25	26	19	28	22	24	26	27	25
均值	1.71	1.44	1.00	0.95	1.00	1.09	1.08	1.38	1.33	1.52
标准差	0.713	0.917	1.020	1.026	1.018	1.019	1.018	0.941	0.961	0.872
t 统计量	12.690 7	7.851 7	4.999 0	4.036 0	5.197 9	5.017 2	5.197 3	7.477 8	7.191 3	8.715 6
t 临界值	2.472 7	2.492 2	2.485 1	2.552 4	2.472 7	2.517 7	2.499 9	2.485 1	2.478 6	2.492 2

表 1.3　2005 年调查 28 个受访小区 W 的 t 检验相关描述（显著性水平为 0.01）

小区编号	0501	0502	0503	0504	0505	0506	0507	0508	0509	0510
样本容量	28	27	29	31	24	27	25	22	27	29
均值	1.71	1.41	1.86	1.68	1.00	1.26	1.12	1.55	1.19	1.45
标准差	0.71	0.93	0.52	0.75	1.02	0.98	1.01	0.86	1.00	0.91
t 统计量	12.744 3	7.878 0	19.262 3	12.471 7	4.802 9	6.680 7	5.544 5	8.453 6	6.183 4	8.580 7
t 临界值	2.472 7	2.478 6	2.467 1	2.457 3	2.499 9	2.478 6	2.492 2	2.517 7	2.478 6	2.467 1
小区编号	0511	0512	0513	0514	0515	0516	0517	0518	0519	0520
样本容量	28	24	24	28	27	30	30	29	24	59
均值	1.25	0.33	0.92	1.36	1.19	0.87	1.13	0.76	1.33	1.46
标准差	0.97	0.76	1.02	0.95	1.00	1.01	1.01	0.99	0.96	0.90
t 统计量	6.818 9	2.127 2	4.418 7	7.575 2	6.183 4	4.718 0	6.128 0	4.134 1	6.787 1	12.460 5
t 临界值	2.472 7	2.499 9	2.499 9	2.472 7	2.478 6	2.462 0	2.462 0	2.467 1	2.499 9	
小区编号	0521	0522	0523	0524	0525	0526	0527	0528		
样本容量	30	22	28	30	22	22	25	24		
均值	0.73	1.36	0.71	1.47	0.82	1.82	1.20	0.75		
标准差	0.98	0.95	0.98	0.90	1.01	0.59	1.00	0.99		
t 统计量	4.080 0	6.714 7	3.833 6	8.946 1	3.808 1	14.468 8	6.000 0	3.711 3		
t 临界值	2.462 0	2.517 7	2.472 7	2.462 0	2.517 7	2.517 7	2.492 2	2.499 9		

显著异于0。在调查问卷设计的复合场景中，面临转型期新旧制度交替的、复杂的复合场景信号时，个体的两种外层偏好产生冲突、认知状态没有协调一致：原先计划体制下业主已经形成了完全依赖政府供给住宅小区共享资源的偏好，在政府退出和个体自我治理、承担对称的权力责任和义务的市场体制转型过程中，个体趋向支配决策权力的同时，回避与之对应的供给责任（成本损失），两种偏好无法在瞬时间达成协调，产生了认知冲突。

表1.3是根据2005年调查数据处理结果，算得编号0501—0528总共28小区的 t 统计量，除小区0512处于接受域中，其他27个小区均落在拒绝域内。由此可得，样本点0512小区接收原假设，即 W 无异于0值，该小区业主已经建立相应的偏好关系和知识联结，达到认知协调状态，不存在认知冲突。而其余27个小区则接受备择假设 H_1，可以认为 W 显著异于0，在面临调查问卷设计的复合场景中，个体的认知状态没有协调一致，个体趋向决策支配权力、回避与之对应的供给责任（成本损失）的偏好尚未转变，仍然存在认知冲突。

分析结果2 由科层化的行政权力体系向市场交易协调规则体系转型过程中，让个体同时面对复合场景并做出预期判断和行为选择，利用统计推断方法，检验了上述两类相异场景下个体认知冲突的存在性，个体在独立场景下趋向决策支配权力、回避与之对应的供给责任（成本损失），没有完成应对转型环境复杂场景下的认知协调过程。这也从一个方面证明了个体认知的场景依赖特性。

1.2.4.2 两次截面数据 W 取值分布的显著性检验

根据每个样本点的数据，得到 W 在该样本点的取值分布情况，即 $W=2$ 在每个受访小区中的频数分布记为 m，对应的随机变量记为 M，2003年和2005年两次的调查数据分别可得30个和28个样本数据。

假设样本总体服从正态分布 $M \sim N(\mu, \sigma^2)$，其中 μ 和 σ^2 未知，构造检验统计量，若一次截面调查中，所有样本点的 $W=2$ 频数均值低于50%，则认为总体上面临转型环境复合场景，认知状态不相协调、存在冲突的业主占的比例不到一半。关于均值 μ 的检验采用 t 检验。构造原假设和备择假设，$H_0: \mu \leqslant \mu_0 = 0.5 \leftrightarrow H_1: \mu > 0.5$。取显著性水平 $\alpha = 0.01$，可以构造检验统计量 $t = \frac{\overline{m} - 0.5}{s/\sqrt{n}}$，其中，$s$、$n$ 分别是受访小区的标准差和样本容量。易知，拒绝域为 $t \geqslant t_\alpha(n-1)$。

由表1.4的计算结果可知，2003年和2005年分别对南京市区30个、28个住宅小区两次调查的所得的样本数据中，M（$W=2$ 在每个样本点的频数分布）的 t 统计量均处于拒绝域，可以认为平均值显著大于50%，即在城镇住宅小区共享资源治理制度转型过程中，存在认知冲突的个体、小区的比例较大，显著高于50%。

表1.4　2003年和2005年 M 的 t 检验相关描述（显著性水平0.01）

调查时间	样本容量	均值	标准差	t 统计量	t 临界值
2003年	30	64.93%	13.385 0	2.888 3	2.462 0
2005年	28	60.16%	18.613 6	6.109 4	2.472 7

分析结果3　2003年和2005年调查的共58个样本点中，面对复合场景产生认知冲突的个体在各个样本点的频数分布的均值显著高于50%，在群体中占大多数。

总体上，经历两年时间，存在认知冲突的业主比例有所降低、标准差增大，说明正处于互动协调过程中。但是，这一制度转型和个体行为调整过程尚未完成，而业主认知状态是否发生了显著变化有待下一步检验。

1.2.4.3　针对两次截面数据的进一步分析

为了比较两次截面数据的变化是否能够说明业主认知状态发生

了显著变化，我们首先运用 SPSS12.0 软件对两次数据中 M 值进行方差检验（取显著性水平 0.05），考察经过两年时间，业主认知状态是否发生了显著变化（冲突→协调）。分析结果如表 1.5 和表 1.6 所示。

表 1.5 Homogeneity of Variances Test 检验结果

Levene Statistic	df_1	df_2	Sig.
2.295	1	56	0.135

注释：每个样本点存在认知冲突（$W=2$）的业主比例。

表 1.6 方差分析表（ANOVA）

	Sum of Squares	df	Mean Square	F	Sig.
Between groups	329.426	1	329.426	1.268	0.265
Within group	14 550.270	56	259.826		
Total	14 879.696	57			

注释：每个样本点存在认知冲突（$W=2$）的业主比例。

表 1.5 采用 Homogeneity of Variances Test 检验方差分析的前提是否成立，相伴概率 0.135 大于显著性水平，可以认为两组总体方差是相等的，满足方差检验的前提条件。表 1.6 结果显示，F 值为 1.268，相伴概率为 0.265，大于显著性水平 0.05，接受组间无显著差异的零假设，可以认为 2003 年和 2005 年两组数据没有显著差异，即存在认知冲突的业主所占比例经历两年时间，未发生显著变化。

针对两次截面数据的分析，从存在认知冲突的业主比例看，并未发生显著变化，但是，从以下四个变量取值及相关数学特征的变化情况，可以进一步发现：

如图 1.4 所示，问题 4a 设计的独立场景下，形成两种相异的知识联结的比例在发生变化。面对问题 4a 中的“对共享资源决策权力归属的认知状态”，由业主偏好形成“共享资源决策权”应由业主自己支配的知识联结的比例有所上升，均值从 2003 年的 80.04% 上升到2005年的84.60%，标准差从12.84上升到15.20。相应的，认为决策权由共享资源群体外部利益主体支配的预期在下降。

如图1.5所示，问题1e设计的场景下，两种相异的知识联结的比例也在发生变化。在独立场景“由谁承担保修期满后小区排水排污系统维修费用”下，认为与决策权力相对应的、共享资源供给责任（损失后果）应由业主自己承担的比例有所上升，均值从2003年的23.97%上升到2005年的33.20%，标准差从12.96上升到17.70。相应的，认为供给责任应由共享资源群体外部利益主体承担的业主比例也在下降。

如图1.6所示，问卷中问题1f设计的场景中，业主对依赖政府供给治理住宅小区共享资源的偏好及认知状态发生了变化，在2003年的30个受访小区中平均比例为29.91%，在2005年28个受访小区中平均值为27.90%，经过两年时间的调整，下降了两个百分点，标准差由13.70上升到17.20，说明业主在制度转型过程中，对传统计划体制下的对政府供给的依赖性有所降低。

问卷中的问题4e，我们试图考察业主对共享资源治理模式的预期，给出的选择主要有外部政府权力供给、内部人控制和自我合作治理三种，从两次调查的数据处理结果（如图1.7）来看，2003年

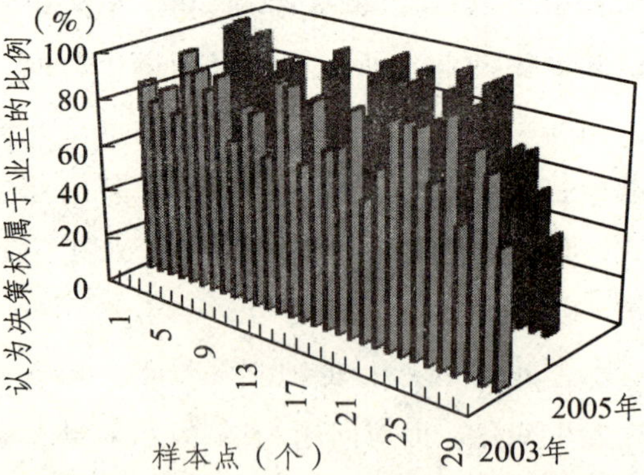

图1.4　两次调查决策权预期的频数分布

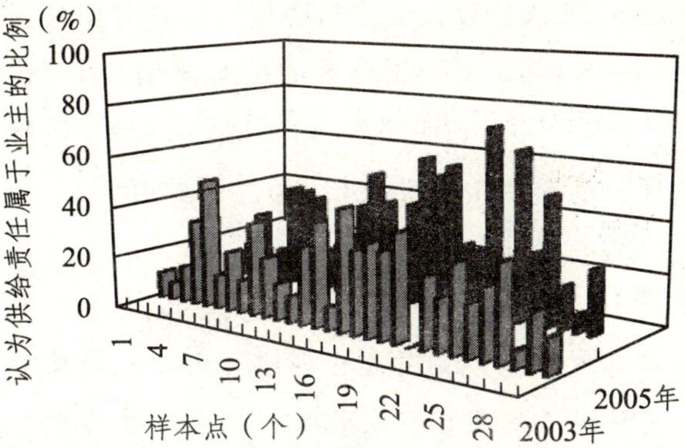

图 1.5　两次调查供给责任预期的频数分布

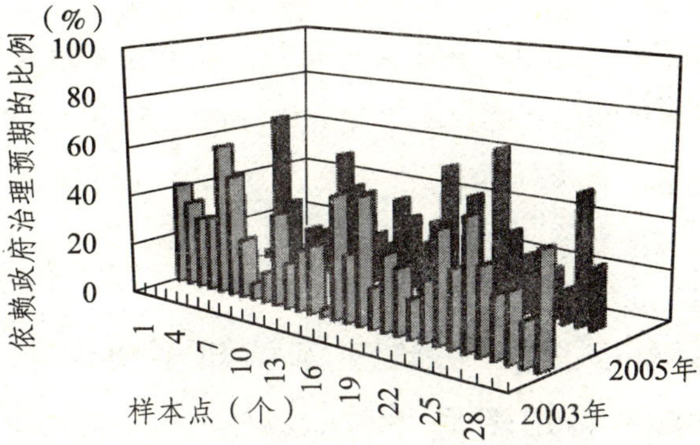

图 1.6　两次调查依赖政府治理预期的比例分布

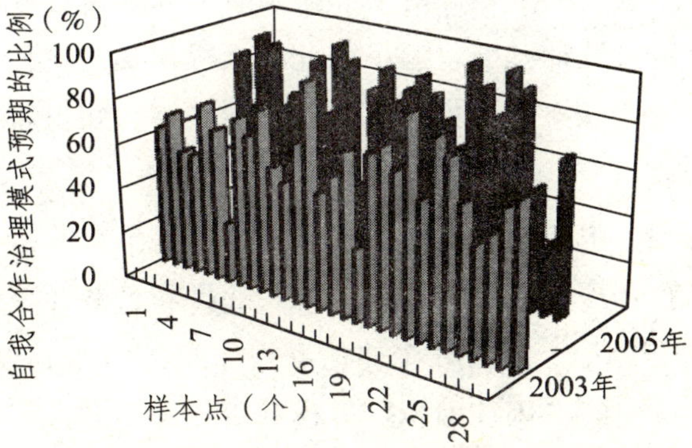

图 1.7　两次调查自我合作治理模式预期的比例分布

30个受访小区趋于选择自我合作治理模式的业主所占比例的平均值为65.38%，2005年28个受访小区的平均比例为77.10%，标准差分别为15.56和17.70，表明越来越多的业主趋向于选择权利、责任和义务相对等的自我合作治理模式，但尚不显著。

分析结果4 在现阶段中国社会转型复杂场景信号刺激下，社会公众面临着信念和决策规则的重大调整，由于长时期的知识传统和个人经历，两种制度更替过程导致个体产生认知冲突，原先场景下建立的知识联结与新场景信号之间存在损益预期差异、矛盾。根据两次截面数据，各样本点中存在认知冲突的业主比例没有发生显著变化，说明整体上认知冲突尚未协调，关键原因是信息匮乏制约业主的认知调整过程。但是，上述变量的均值变化、标准差相对增大，则表明个体认知状态正在发生变化，存在自我协调、适应环境的趋势。

1.3 问题的提出：治理主体认知不协调和个体间的知识异质性

第1.2节利用两组来自南京市区住宅小区共享资源治理过程的截面数据，通过统计推断检验了依此框架提出的理论假设，并对比分析了两个截面状态，讨论个体认知状态调整、知识习得与制度转型的内在关联。

我们发现，中国转型实践中的住宅小区共享资源治理显著区别于标准的新古典理论如公共管理、公共选择和公共经济学理论所揭示的“公地悲剧”[17]这类“个体的理性导致集体的非理性”现象，亦非博弈论构建的“囚徒困境”等模型所刻画的合作解的存在条件所能解释。相反，在这里发生的是“个体的非理性”导致了诸多治理结局的可能性，分别对应了不同治理模式的产生与维持。

笔者所作的尝试便是回答：理论研究如何解释此类转型经验？能否把转型期的复杂场景抽象到控制实验中，这样较为简化且不是一般性的研究转型期的决策知识获得与行为调整？

1.3.1 治理转型的第一阶段：认知不协调、缺乏决策知识

以原先由政府供给的住宅小区共享资源这一公共服务领域为例，通过1998年大范围的正式制度变迁，政府退出供给之后，绝大多数业主的认知状态是：趋于支配共享资源决策权力，同时回避与之对应、对等的供给责任。至今尚未完成与转型相匹配的认知状态调整，缺乏现代社会公民的"自理能力"——自我治理、互动协调以承担相应的权利、责任和义务。[18]而在这一适应过程中，政府时而表现出其退出决策的不可置信性——当在已经宣布退出的公共服务领域出现供给危机时，为避免"群体性事件"出现，又转而出面供给，这样实质上是强化了业主完全依赖政府的信念，阻碍了业主尝试新策略、获得新知识——自我合作治理的集体行动发生。

传统理论中的个体决策有三要素：偏好、信息、最大化。偏好假定是逻辑起点，最大化原则受到实证主义方法论的辩护[19]，而现实中的选择偏差或市场失灵常被归咎于信息问题[20]，信息经济学大行其道。其实，在信息背后隐藏着更重要的主观特征，在本书第2章将详细探讨这一问题，这里只给出一个概要："信息只是包含可能被知道的知识，知识的价值只能是每个人的主观价值。"[21]而"知识是从行动通往结果的地图，在系统改变状态的时候被激活。信息则是对某一给定状态的认定。因此，目标或者对目标的偏好，本身不足以描述一个认知主体。倒不如说，主体是一个目标—知识—信息的系统"[22]。随着新信息的到来，这些知识或是得以巩固，或是得到修正。和信息相比，知识无法被直接观察到。知识的存在只能从行为主体的行动中加以推断。[23]

局部的个案观察和样本数据显示，现阶段的住宅小区共享资源

治理转型实践不同于经典理论的地方是，当事人的认知状态不符合传统理论的基本行为假定。在“公地悲剧”或“囚徒困境”中，当事人根据收益最大化自主做出理性决策，而在社会转型期，占相当比例的业主认知状态尚不协调，缺乏与新的市场条件下相对应的决策知识。正如管理学家马奇指出的，认知图式具有双重效应，即如果新信息与原有认知图式相匹配，就会激活图式的“链接”，使人类快速、高效、准确地做出选择，从而节省了大量的心智成本；相反，如果新信息与原有认知图式不匹配，图式“信息过滤器”的作用就会使主体忽略重要的决策信息，将偏见引入其中，为认知的发展设置障碍，在这种场景下，认知图式的修正、转换和重构成本将是巨大的。[24]本书将这第一阶段称为“前囚徒困境”，即个体在参与博弈之前，尚未具备相应的决策知识。第二阶段才是经典理论所考察的合作解的产生条件或多重博弈均衡的选择问题，即如何实现合作。

为适应转型期越来越多需要自主决策的事物，人们需要更新相应的决策知识，如何获得知识并且在互动协调、竞争过程中利用这些知识。因此，本书将在行为博弈理论的分析框架中，刻画个体在新场景下获得新信息、新经历，修正原先的行为模式（调整信念和决策规则），习得决策知识，走出“前囚徒困境”。

1.3.2 知识异质性个体间的策略互动

在同一个住宅小区中，可能有几百到几千名的业主共同生活着，他们在平时生活中总是范围、程度不等地共同使用小区内部、自家房门以外的天然或人工建造物品，给自己带来效用。这些在计划时代完全由政府拥有、管理和维护的资源，现在通过改革需要所有小区业主，通过相互协商，承担相应的权利、责任和义务。由于各自知识传统、个人经历等的异质性，一部分业主已经完成认知协调、具备了应对这一新场景的决策知识，而其他业主仍处于认知不协调的知识匮乏状态（或正处于调整过程中，有的甚至还是原先完全依赖政府部门的思维方式），问题就是这些不同认知状态（本书定义为知识异质性）的个体如何在同一个群体中协调互动？

归纳起来就是，除传统理论考察的资源、技术、信息等约束外，个体和组织的决策还会受到有限的知识、时间以及低效率制度的限制。每个人决策时的策略知识都是有限的、不相一致的，当需要为某一共享资源做出选择时，个体之间如何协调？也就是说，在考虑个体互动关系时，个体知识的更新（策略集扩展和信念修正）会是观察模仿、自己试错（干中学，learning by doing）、接受劝告或建议（being advised）等诸多学习方式中的哪一种，其作用机制是什么？

并且，从知道存在一个新策略及其对应的支付结果，到采用该策略——付诸行动的过程，并非一蹴而就，我们归纳了如下关键要素：对采用原策略遭受损失的耐受程度；尝试新策略将得到的支付达到哪一个临界值，就会由原策略转变到新策略，实现学习迁移，从而表现为习得了该决策知识。

1.3.3 关键概念界定：重复博弈中的学习行为与指导策略

在住宅小区的样本数据中可知，存在一部分认知协调、即已具备新场景下的决策知识的业主。本书借鉴博弈学习理论模型刻画住宅小区共享资源治理转型过程中，两类知识异质性业主间的策略互动行为，特别是现实中普遍存在的部分个体［下文中定义为“指导者”（teacher）］的老练行为和指导策略，会影响其他参与者［下文中定义为“适应性学习者”亦即“追随者”（follower）］的行动选择，从而作用于个体间的协调方式和资源治理模式选择。采取策略指导的参与者一开始就通过博弈矩阵理解什么是均衡，并重复选择他认为（偏好）的博弈均衡行动，无论对于他的信念是否是最优响应。追随学习者则是每一轮都根据自己的信念做出最优响应，而未掌握整个博弈的均衡收敛趋势。

（1）知识异质性

在关于制度和集体治理理论中，异质性已被广泛关注，主要体现在收入、偏好、知识等方面的差异。本书着重探究的知识异质性可以作如下理解：知识是策略行动和支付结果之间的一种联结（因果关系）。知识是主观的，基于个体间具有不同的主观知识这一事实，群体内部由于个体间初始资源禀赋、历史经历和知识传统等差异造成的知识具有异质性，从而基于此的信念、决策规则和行为模式也会产生差异。

（2）学习行为

个体如何认知他所处的社会是经济发展中最核心的问题。解释人们如何学习，如何把信念和偏好结合在一起以做出决定，并由此做出以经济理论为基础的选择。人们为什么相信它们并据此行事——这种认识必然影响到个体的决策过程，这样，就造成“路径依赖”效应，最终影响一个国家或地区的制度变迁。诺斯指出，学习是取决于如下要素的累加的过程：首先，一个既定的信念系统如何过滤各种经验所产生的新的信息；其次，个人与所处社会群体在不同时间所面对的不同经验。

在放弃了均衡的“完全理性个体长期最优化结果”和“学习过程必将收敛”这一信条之后，研究者们开始更多关注个体的学习（信念调整）过程，研究其经济意义。大量文献研究了行为者如何从过去的行为进行学习、行为者如何通过对环境结构以及他人行为的理解来学习，以及调整信念的贝叶斯学习等。

（3）老练学习和策略指导

老练学习是指参与者预期对手是如何学习的，将对手的信念和决策规则纳入自己的决策考虑。在博弈互动过程中，部分老练学习者较早地理解自己所参与博弈的纳什均衡，并且尝试通过连续选择自己的纳什行动来影响对手的信念、从而改变其行动选择，这一部分个体称为指导者，当他们作为追随者的对手看到指导者连续多轮选择相同的行动，可能会跟着调整自己的主观概率判断，以致双方达成一致稳定的行为预期。沿用文献［27］的定义，“当一个参与者至少连续三个阶段选择纳什行动，而无论该行动对于他的信念来说是否最优”。

目前，博弈学习理论构建的大多数信念学习模型都将重复博弈中的参与者行为描述成回顾过去、短视和机械的过程，信念基于对手行动的历史数据而形成，对手支付不进入参与者决策[25]。较少研究者关注“老练学习”和“指导策略”，仅有的文献是 Terracol 和 Vaksmann[26]研究了多重均衡博弈中的指导，Ehrblatt、Hyndman、Ozbay 和 Schotter[27]考察了指导在促使收敛于唯一纯策略均衡中的作用，这两项研究都关注两个博弈参与人（3×3）的策略互动。Camerer 等人[28]将老练加入经历加权吸引模型（experience weighted affraction model，EWA model），关注“个体”在“群体”环境中如何学习。但他们都未强调知识异质性条件下指导策略对均衡收敛或多重均衡选择的作用机制。本书尝试对这一问题做出自己的解释，即：

• 指导策略对知识异质性参与者间的博弈均衡收敛和多重均衡选择的影响；

• 具备较多决策知识的参与者是否更易在策略互动过程中成为指导者？相应的，具备较少决策知识的参与者是否更易在策略互动过程中成为追随学习者？

• 指导策略的激励（动机）—指导是一项投资吗？如果具有多重均衡，是想实现自己支付较高的均衡状态？还是具有帕累托效率（双方支付较高）的均衡状态？

• 参与者决策信念形成过程的模型刻画：个体会利用哪些知识形成信念并做出决策？他们遵循的信念形成过程不光考虑对手的先前行动（像许多历史信念过程那样），而且还有当前对对手理性水平（老练程度）和近期支付的估计。

1.4 解决问题的思路、方法和结构安排

本书主张从两个维度考察这一类共享资源治理的转型问题：一是知识异质性个体间的互动协调机制，一是面对新旧场景转换下新决策知识的习得过程。当然，任何放松现有理论中个体决策、选择和行动规则上的一些先验假定的做法，都会给未来的经济分析和理论建模带来困难和问题。

1.4.1 思路和方法

奥地利学派对转型的论断更多的是对制度变迁主观认知方面的关照，归纳起来主要有三个考察基点：知识获得、个体责任和自由加入。[29]本书重点在知识获得，更精确地说是知识习得。在这样的认识下，建立了社会和组织转型过程和个体决策知识更新的关联，引出本书的研究思路和方法。

1.4.1.1 研究思路

作为构成社会和组织的基本单元，每个个体的决策贯穿于管理的全过程，无论是在风险还是不确定性场景。除传统理论考察的资源、技术、信息等约束外，个体和组织的决策还会受到有限的知识、时间以及低效率制度的限制。成功的社会转型需要个体信念和决策规则、群体内个体间行为互动方式与制度体系的匹配，而个体信念和决策规则的调整并非如传统新古典理论所假定的能够瞬时适应新环境。

如本书考察的城镇住宅小区共享资源治理转型问题，研究范围不得不突破传统理论给定的约束，强调业主认知状态协调和决策知识习得：第一，从科层化的垂直行政权力支配体系向市场化水平协调规则体系转型过程中，个体对共享资源治理认知状态（决策知识）的变化；第二，个体在转型期场景下认知状态的调整趋势，能否适

应政府供给退出、需要个体自我合作治理的市场环境。在该学习过程中，同一群体中，知识异质性个体间的策略互动对于该群体内共享资源的治理模式选择（最后均衡状态达成）至关重要。

本书结合动态过程和均衡选择两种分析范式，将动态的个体学习过程嵌入均衡的治理模式选择（广义的制度演化或变迁）过程中，基于个体知识习得行为考察个体间协调互动的治理模式选择问题。

具体地，在实验室中将中国转型实践中这一类问题简化抽象、模拟再现，考察知识异质性个体间协调、学习过程，基于信念学习、知识互动的解释框架，重点研究两类个体间的老练学习和指导策略：第一，对个体信念形成、行动选择的作用；第二，对知识异质性个体间协调的博弈均衡收敛和多重均衡选择的影响。

1.4.1.2 研究方法

（1）问题归纳、模型演绎和实证研究结合

整个研究过程以中国转型的现实——住宅小区共享资源治理问题为起点，针对南京市区的住宅小区共享资源治理与业主认知状态，在两次随机选取的实地样本调查获取经验数据的基础上，抽象、归纳为同一群体中知识异质性个体间协调的策略互动，并根据经验观察重点考察其中的老练和指导这一类策略性行为的动机和对信念形成、均衡收敛可能性及多重均衡选择的影响机制。然后在不完全理性这一基本假定下，通过形式化模型演绎推导均衡收敛过程中的个体决策知识的习得行为，得出若干关于个体信念和行为调整规律的理论命题。最后，通过对以人的决策行为为研究对象的实验数据，检验上述理论假设，得出相关结论，并给出其在当下中国转型现实中的经济和政策含义。

（2）行为博弈和学习理论的结合

作为研究互动理性决策行为的一门学问，博弈论中有大量关于学习的文献研究个体如何从过去的行动进行学习，如何通过对环境结构以及他人行动的理解来学习，以及调整信念的贝叶斯学习等。

其中的博弈学习理论考察个体在不知道其他个体的行为和制度环境的情况下，通过互动学习从而理解对手的过程。更有研究者基于个体决策和学习行为，通过试错、适应过程对传统决策模型进行拓展，调整博弈论中的基本假定，逐步发展成主要考察在认知限制以及不确定场景下个体学习行为调整规则的行为博弈理论。

借用行为博弈理论中揭示个体、群体决策与学习行为的理论模型和实验方法，本书将非均衡的个体学习过程嵌入（可能达成均衡的）治理模式选择过程中，基于个体学习和发现过程考察个体间协调互动的治理模式选择。首先是基本假定的调整，在大多数的博弈论模型中，缺乏对参与者推理过程和能力的描述，以及关于在博弈场景下的决策知识状态。在本项研究中，描述包括人们如何学习、更新和模型化他们对于外部环境的信念至关重要。

（3）控制实验和实验数据的科学计算

控制实验既是对现实问题的一种抽象简化，也是对现实经济运行的一种再现和模拟。本项研究引进了苏黎世大学的 z-Tree 实验开发平台，在实验室中表征相关条件和状态、设定决策环境和决策变量，尤其是知识异质性这一特征在实验中的标度。由于是在实验室且实验对象是人，不可能限制或改造他们的知识传统，因此本书在参与者进入博弈的同时开始表征知识异质性——是否具备行动和相应支付之间的知识联结。通过招募志愿者的形式筛选实验对象，使用货币激励，获取相关指标和数据，针对理论论证的模型，进行实证检验，对理论解释和预测能力给出判断。

目前，许多学习行为的研究受制于信念不可观测，本书采用新兴的信念诱导技术，用可观测的替代表征推断传统中一直认为不可观测的变量（参考纽约大学 Schotter 教授的处理方法，还能够发现通过该方法得出的信念参数值来推断误导的程度）。通过实现上述转换，可以直接看出在模型中增加或减少变量后的参数估计变化情况。

1.4.2 内容和结构安排

本书的研究安排如下：

首先，提出城镇住宅小区共享资源治理转型与业主认知状态协调和决策知识学习问题，确定了本书的研究任务、目的、思路和方法。然后，梳理了个体学习行为和决策模型的发展脉络，重点评述几类重要的博弈学习模型，回顾研究知识获得、决策行为和学习模型的重要文献。接下来，给出一个初步的基于信念学习、知识互动的解释框架，构建了相关模型。作为本书重点，采用实验经济学的方法，研究了知识异质性个体间的老练与指导策略，对一开始提出的问题给出了实验解答，检验了若干理论命题。(见图 1.8)

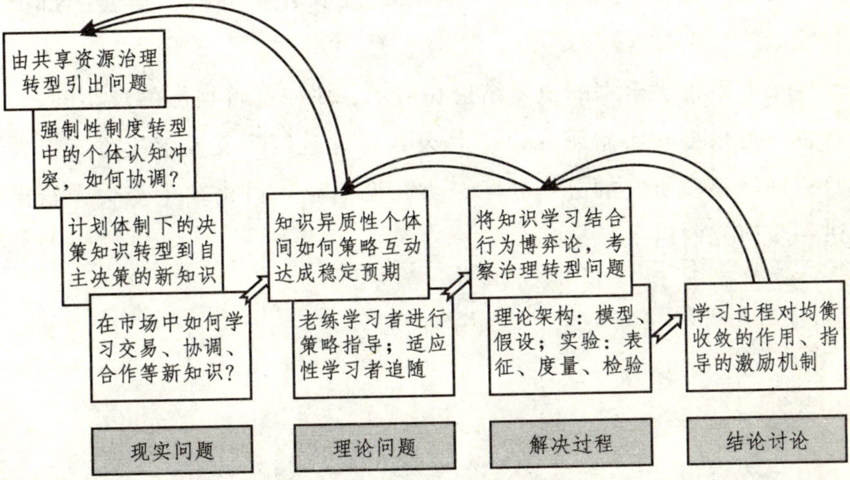

图 1.8 研究工作流程安排

本书余下部分做如下安排：

第 2 章是文献综述。从运用传统理论范式考察社会转型的不足之处出发，评述了奥地利学派的主观知识理论和行为博弈论的研究进展，并尝试在两者之间搭建一个对话沟通的平台，更好地解释社会治理转型，尤其是本书关心的住宅小区共享资源治理转型。依据对经验现象的判断考察了已有模型和实验中个体间指导策略学习行为对知识获得的作用机制。

第 3 章是基于策略互动的信念形成、知识习得解释模型。首先阐释了信念形成和知识习得模型的目的，并做基本假设，包括个体间的知识异质性假设和有限理性假设。然后形式化表述了模型中的关键变量，即转型、知识、个体学习模式和个体间策略互动中的老练和指导。最后深入研究了老练和指导策略对于均衡收敛和多重均衡选择的作用机制。

第 4 章是对知识异质性个体间互动的老练与指导策略的实验研究。基于第 3 章的理论模型演绎，确定了实验研究的动机及待检验的假设，本书在实验室设计了行为实验程序，表征了转型和知识异质性特征。通过对实验数据的统计处理和计量分析，检验了部分假设。

第 5 章得出全书的主要结论和启示，照应篇首提出的现实问题，根据理论模型和实验研究得出其公共管理政策含义及解决方案。并且，回顾整项研究的分析技术、方法和思路，讨论其中得失，给出进一步研究的启示。

2 治理转型、知识更新和策略互动中的学习行为

将文献综述独设一章，意在突出：第一，立足于经典理论对共享资源治理的研究不足之处，沿着该领域研究的行为学和知识学转向，本书尝试为奥地利学派主观知识理论和新兴的行为博弈论构建一个对话平台，以便给出新的理论阐释；第二，博弈论、公共选择理论甚至主流经济学的公共物品理论，都在尝试将个体主观特征纳入理论模型考察，因此个体知识更新过程中的学习行为已经处于理论研究前沿，将这一视角用于考察小范围群体共享资源治理转型，为本书提供了创新空间。另外，本书的一些概念也在本章作了交代。

第 2.1 节简要回顾了传统理论对共享资源治理的研究思路和方法，并对这一类工作做出了评述，指出该研究领域的行为学和知识学转向。为解释共享资源治理在中国的转型实践，第 2.2 节回顾管理学、经济学中的知识，尤其是奥地利学派的知识理论，并为本书的问题提供理论基础。第 2.3 节针对本书关注的信念形成、知识更新和学习行为，对相关学科的成果做了概括。第 2.4 节结合行为博弈论和实验经济学的进展，评论已有博弈模型和实验中个体间的老练和指导策略研究等将主观特征纳入形式化研究的尝试。第 2.5 节是小结。

2.1 共享资源治理研究进展

被多个个体共享的资源使用状态，自古希腊开始便受到关注①。古典经济学对公共物品——每个人都能消费有一定非竞争性和非排他性的物品或劳务——的讨论，从影响深远的“庇古税”、“失聪的耳朵”②，到人们熟知的“公地悲剧”[17]，针对非排他资源的“搭便车”行为（缺乏支付提供公共物品成本份额的激励）的考察，成为研究焦点。

2.1.1 共享资源治理模式和经验研究

（1）共享资源的治理模式归纳

在长期的理论研究中，共享资源的治理模式主要有以下四类：公共域（Bazel 认为个体之间没有一致的行为预期，公共域内商品权利的价值增加，将导致人们花费更多资源争夺并占为私有财产。而当测量和监督资产属性的成本超过评估的价值时，这种资产或属性又会被弃于公共领域，成为共同财产）[30]、国家管理［由一个外部强权机构（国家）出面，控制使用并通过征税，保障资源的维持］、私有化、群体内部自我治理[31]。但针对大大小小的共享资源趋向于哪一种治理模式这一问题，研究者们并没有达成共识，各自研究方法也不尽相同。

研究表明[32—33]，用非残缺的私有产权使之“内部化”和由外部强权提供的共享资源治理结构都是非效率的。

（2）共享资源治理的经验研究

Hardin 提出公地悲剧问题[17]，认为共享资源的治理模型类似于

---

① 例如亚里士多德说，“凡是属于最多数人的公共事物常常是最少受人照顾的事物”。

② Heilbroner 的形象说法是“市场的耳朵对私人的需要反应灵敏，但却失聪于公众的需要”。

囚徒困境。Olson[34]则强调集体选择过程中团体规模边界，认为除非是集团群体规模较小或存在强制服从，否则有理性的、寻求自我利益的个人不会采取行动以实现他们共同的或集团的利益。对共享资源趋于“枯竭”的趋势，一般的共识都认为是必然的。然而，经验上与囚徒困境模型相反的自主治理案例，却被大量报道[35—39]。

国外对于共享资源治理模式的经验研究大部分集中于个案研究，描述整个个案发生或不发生自我治理模式的条件，实现共享资源自我治理模式合理选择或者创新的必须条件为：明确界定边界、收益与成本的对称性、集体选择安排、监督、分级制裁、冲突解决机制、组织权利的最低认可和分权制企业等。[36]关于这些条件与自我治理制度发生过程之间的具体关系，E. Ostrom[36]和 V. Ostrom[40]基于个体的预期结构，给出了一个治理模式的研究框架。V. Ostrom[40]对美国公共行政管理模式存在的危机做出探讨，认为局部互动的小规模集体治理模式有利于各方达成一致，维持共享资源的可持续发展。Hayek 关于制度（尤其是习俗发育与变迁）是处在自发秩序状态中的分析思想[41]，为共享资源治理模式研究提供了新视角。

2.1.2 共享资源理论研究的行为学视角

在理论上，“共享资源治理究竟在何种条件下收敛到哪一种稳定状态”是模型化工作的重点。Buchanan 的俱乐部模型[42]直接给出非市场非政府方式供给必须由成员达成一致同意。Sandler 和 Tschirhart[43]则考虑随规模增大，个体的边际拥挤成本递增和边际供给成本递减，用两者交点确定成员规模边界，对共享服务的定价及会员资格和总产出给出了分析思路。

Mueller[44]以及 Baland 和 Platteau[45]都运用最大化个体效用函数（在预算约束下求一阶条件）的经典模型考察共享资源的博弈和自愿合作供给条件。这种均衡分析方法存在众所周知的缺陷，此外也没有考虑个体的因社会学习、模仿及试错而做出的动态调整行为。也有研究者[46—50]通过引入种族（或伦理的）基础、道德因素等各种不同的参数或变量修正一般有关效用函数的假设，可以解释自发供给共享资源制度的形成。较长时期的研究显示[51]，博弈论为理解共享资源治理的策略状态并预见制度演化的结果提供了一个工具。综上所述，考察个体行为模式调整的动态过程是共享资源治理研究的起点，研究决策过程及信念调整揭示共享资源合作治理的内生条件是该研究领域的趋势。

决策行为研究着重于决策制定过程以及个体与社会环境关联的考察[52]，即从个体决策行为微观机制来探讨管理模式的选择和创新，Simon[53]认识到“知识在决策制定过程中的作用是用来确定哪些后果是由哪些备选策略所造成的。知识的任务，就是要从整整一大堆可能的结果当中，挑选出与某一策略相关联的一小批结果，或者（理想化地）挑选出唯一的一组结果”。可知，场景和认知是个体决策或行为模式的关键。《MIT 认知科学百科全书》中强调：个体心理常常产生于构成、指导和支持认知过程的环境之中，认知过程的本质是由场景决定的，场景是一切认知活动的基础。[54]

社会心理学理论[55]指出，个体是为了行动而认知的，且是在场景内认知的，群体、器物和群体组织场景可以有效地把认知过程扩展到个体范围之外。Schwarz 根据场景认知理论认为，这样的认知过程扩展就能超越人类自身知识和认知能力的限制。[56]因此，个体决策是依赖于环境或场景的[57]。Slembeck 将场景特征作为认知的约束来研究，提出“场景依赖学习”的分析路径，尝试回答“学习行为如何依赖于学习条件”[57]这一基本问题。在场景依赖学习理论中，学习过程被模型化为一个学习（循环）回路（如图 2.1），从某个初始行为 A 并引致修正的行为 B。值得注意的是，Slembeck 归纳了构成场景特征的五个要素：任务和环境复杂性，所涉个体引起的个体间依赖程度，关于场景结构的信息可获得性，结构和策略的不确定性，反馈的质量、数量和内容。这对于本书的研究具有很大启发——必须十分重视转型期个体面临的环境变化对共享资源治理模式演化的作用。

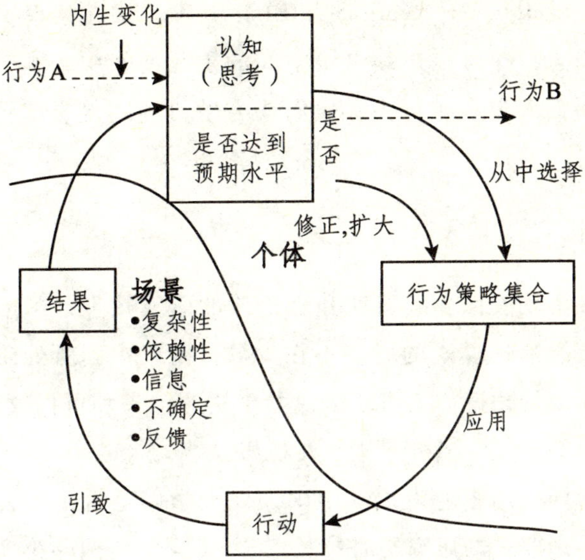

图 2.1 学习反馈循环

研究在环境的新信号到达时个体更新信念的规则或机制调整的文献主要可以归纳为（在第 2.3 节中将作详细考察）：传统的统计学规则包括贝叶斯学习（理性的）[59]和最小二乘学习。模仿学习中的个体被认为是模仿其他个体行为，尤其是流行、受欢迎的或能获得高支付的行为。最佳反应学习模型中的个体行为更具策略性——最大化各自在对手将如何行为情况下给定的预期支付。虚拟博弈的信念学习中，观察对手先前行动的频率分布后，个体选择最佳对策[60]。Camerer 等人[61]通过实验研究和模型分析得出的认知分层理论认为，个体能够进行的反复思维次数有限且因人而异，假定能做 w 步反复思维的参与人认为其他所有参与人反复思维的次数少于 w，不进行反复思维的参与人则在可选择策略中以平均概率随机选择，而实验中参与人的反复思维次数服从泊松分布。

Arifovic 和 Ledyard[62]在共享资源治理模式的研究中引入学习行为，比较强化学习（Reinforcement Learning，RL）、经历加权吸引学习（Experience Weighted Attraction Learning，EWA）和个体演化学习

(Individual Evolutionary Learning，IEL）三种方式在共享资源治理博弈中的解释力，探讨在连续策略空间的重复博弈中，哪一种学习规则更能够捕捉人类真实行为。他们认为学习规则需要解释个体行为在不同场景间的转变，即个体具备适应性。

2.1.3 研究现状及本书立意

作为极具现实性、紧迫性和理论性的研究热点，国内关注转型社会共享资源治理模式的研究不在少数。由于中国所处阶段的特殊性，没有现成的理论方法可以解决共享资源治理和可持续发展问题。公用事业研究中心的余晖[63]等人积极从事城市公用事业的改制探索，关注中国公用事业发展。中国人民大学以毛寿龙为首的团队对共享资源治理模式的研究历时较长[64—65]，且与美国印第安纳大学政治理论与政策分析研究所建立合作关系，取得了一定的研究成果。华中科技大学的贺雪峰等人[66—68]尝试农村共享资源治理的实验研究颇有成效，但他们着重于案例研究使得他们或多或少忽视了管理理论关注的个体决策行为机制的一般化研究。

相关研究中用动态模型分析共享资源治理模式选择与大规模样本数据验证的相关文献并不多。此外，在共享资源治理模式的研究中，关于个体认知行为以及对治理模式选择的影响，较少纳入博弈模型。尽管考察认知行为及治理模式的演化动力学难度较大，但认知与信念、行为调整的基础研究已经成为研究前沿[69]。面临转型期不同场景的转换和重叠，人的认知状态和行为模式如何变化？已有的博弈实验所归纳的个体行为调整规则如何与共享资源治理模式选择相挂钩？该过程中的诸多影响因素如何简化并予以着重考虑，尚待进一步深入。

抽象理论与经验现实的契合点在于环境约束下，以个体决策过程为基点，探明异质性个体基本的“场景信号—行为模式—调整规则”，从动态演化过程分析共享资源合作治理。个体在文化特质、知识传统和历史经历等约束下，在动态社会关联方式中进行策略互动，从而形成最终的均衡结果，从而保障共享资源合作治理的长期稳定性。

基于上述认识，本书主要基于以下三个方面开展后续工作：Simon 和 Mayo 等决策和行为学派关于个体决策行为及其与社会、物理环境的互动机制的探索；在结合大量的实证案例基础上，E. Ostrom 总结的共享资源自我治理的公共管理原则，及其将个体预期、调整规则和治理模式作为解决共享资源供给的核心问题来考察；最后梳理经典博弈论、演化博弈论和博弈学习理论将有限理性个体决策和学习行为模型化工作，并探讨合作行为的演化稳定解。

2.2 治理转型的知识经济学：治理转型与知识更新

从苏联解体到东欧剧变，许多国家进入从计划经济体制到市场体制的转型阶段。始于改革开放的中国社会转型过程，其中的经济发展——从计划经济走向市场经济——速度惊人，引起了各个理论学派学者的重视。主要原因是：从集体主义的计划经济转到市场经济应该是一个很漫长的过程，一个经济体的转型从理论上来讲应该是循序渐进的，需要一个漫长的转变过程，而中国的转型相对速度很快，却很稳定且经济增长奇快。专门因应这一现实问题而产生了"转型经济学"，管理学、经济学大师们为转型国家提供了各种各样的理论解释和实践对策，著名的"休克疗法"便是典型的一剂猛药。无论从解释现实问题还是给出政策建议，都有必要梳理考察治理转型的理论观点，从中发现其得失成败，为本书的研究提供更多的借鉴和启发。

2.2.1 转型研究的诸种范式

其实，有许多学科的研究领域都涉及转型研究。转型理论作为一门学科，必然从属于一个学派，比如演化理论中的转型、发展经济学中的转型和比较经济学中的转型等。在这一小节，笔者将对研究转型问题的几大研究方向和进展做一分析和评论，以为揭示共享资源治理转型中的若干问题提供启发。

（1）演化理论的转型观点

演化经济学在达尔文主义思潮中兴起和发展，采取生物学隐喻，遵循达尔文生物进化论中“变异、复制和选择”的分析框架。演化理论最主要的核心思想是“动态、有限理性”，就社会发展过程来说，均衡只是其特定条件下的一个局部的截面特征，动态的创新、扩散和选择等贯穿其中。这同样也贯彻到对转型的考察中：“传统的静态均衡为核心的思想被动态非均衡所替代，量的变化不再是观察经济系统运行的主要考虑因素，经济系统运行中不断发生的质的变化开始引起重视。”[70]

在社会经济系统中，将生物学中“变异”、“复制”和“选择”转述为“创新”、“模仿”和“选择”，而“创新”和“模仿”又是学习过程，因此，经济演化过程便可以在学习过程和选择过程交互作用的视角下进行阐释[71]。Nelson 和 Winter 明确将达尔文“变异、复制和选择”的概念直接运用到企业演化中[72]。如在其模型中，惯例是与基因型等价的“复制者”，企业是与表现型等价的“互动者”，企业的学习过程是复制过程，市场则是选择过程。他们的结论是，演化过程的动态选择均衡不会导致一个起初就处于标准均衡的个体在面对环境变化时，通过理性最大化模式转向另一个新的标准均衡；相反，这种过程更大可能是在一种“沿着惯例的、适应环境变化”的方向上实现。

（2）制度学派的转型观点

严格地说，制度学派并不能称其为一个学派，因为将制度纳入研究的理论非常多，且都强调制度在经济发展中的重要地位，但分别属于不同的学科范畴。本书在这一部分讨论的制度学派，可以狭义地理解为自 Coase 以来的新制度主义学派，在其经典论文《企业的性质》中，他开宗明义，运用新古典经济学的边际和选择替代作为其工具分析企业的性质和边界。因此，根据 Kuhn 的科学革命理论，达成共识的评价是，它只是改造了新古典分析范式外围的“保护带”，却继承了其“硬核”。

Coase 提出“为什么会有企业”的问题，并提出了交易成本这一分析工具，经过 Willianmson 以及他后来的多篇论文和 Klein 等人的工作，发展成了交易成本经济学。但是在进一步的经验检验中，发现交易成本是一个难以界定、难以操作的概念，尤其是在面对具有外部性的问题时，交易成本束手无策，对于一个国家的转型，更是如此。比如，在 20 世纪 90 年代初的苏联解体时，“休克疗法是一种交易成本最低的制度转型方式，因此苏联人做出了选择”这一回答很难令人信服。

总之，新制度主义的解释未能撼动整个新古典大厦的根基，但是它对个体基本假定的放松和将以往未予以考察的制度因素的引入，是一大进步。该学派研究者开始更多地关注人的主观行为特征及其与社会制度的互动反馈机制。

（3）比较制度分析理论的转型观点

比较制度分析综合吸收了比较经济学和新制度经济学的研究范式和核心思想，通过比较不同的经济体制，理解其运行机理，在研究方法上较多运用微观经济学和博弈论框架，其研究对象从不同的经济体扩展到不同文化信念的社会组织、贸易方式，较多地关注前后相关性的比较经济史研究。Greif 和 Masahiko 的杰出工作引领这一研究方向的发展趋势。

Greif 擅长用博弈论对经济史进行博弈分析。他考察 11 到 12 世纪地中海地区两大“贸易社会”，即热那亚和马格里布商人群体内部文化信念的差异对社会经济组织形成的作用。这一过程中伴随着社会结构的固化、信息的传递、协调机制以及合约实施机制的演化（制度发育）过程，他运用历史的、比较的分析和博弈论，从中得到结论：不同类型的文化信仰和对个人道德自律的不同态度，不仅影响到历史上这两个商业社群经济交往的社会模式差别，也导致了财富分配变动的不同。[73]

针对各个经济体的组织形态等多样性，Masahiko 运用演化博弈模型和主观博弈模型，证明了制度的内生性质，进一步提出“域”的概念用以阐释制度的关联性和耐久性。他还注意到制度的两重性（内生性与外生性、主观性与客观性），运用博弈论框架揭示制度发生及其变迁方式——嵌入、互补和捆绑，理解“制度是对许多可能的（纳什）均衡路径中某一种路径所具有的不变而且显著特征的概要表征，它已经内化为所有参与人有关博弈重复方式的共享信念”[74]。（如图 2.2）

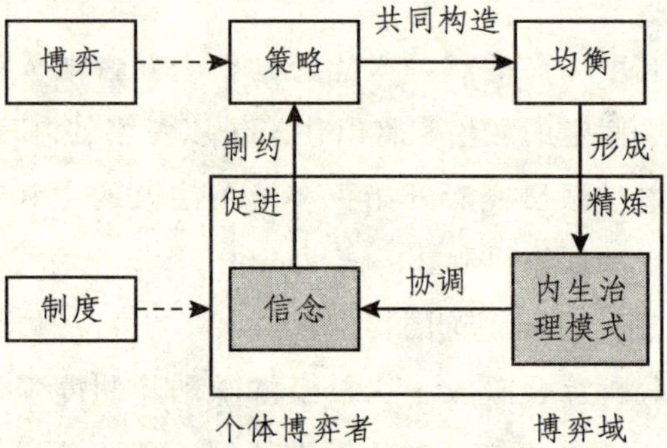

图 2.2　治理模式与信念

（4）奥地利学派的转型观点

奥地利学派具有三个核心概念：企业家精神、主观主义、市场过程，这三个关键词大体可以勾勒出奥地利学派分析问题的立场。其一贯的学术思想传统主要表现为方法论个人主义、主观主义认识论和市场的过程观。

众所周知，在关于社会主义大辩论中，奥地利学派学者批判集体主义的经济计划。但是，他们在一味批判的时候，忽略了重要的一点：当他们认定的集体主义经济计划失败的那一刻到来时，该时点的经济体已经不是原来资本主义的自由、民主和市场状态，而是大部分计划已经实施。此时发现，计划经济一旦行不通，要从此转型到市场经济体制，这个过程如何完成？针对转型问题，奥地利学派没有学者专门做此方面的研究。那么，奥地利学派能够提供的理论支持是什么？

黄春兴阐述了奥地利学派能够提供的一个理论设想：在已有一种被大众普遍接受的制度、社会规划或是思维方式时，出现几个具有企业家精神的创新者提出了一个新的制度、社会规划或是思维方式，相当于企业家在市场上提供新产品，但并不强迫大众接受这些他们提出的“新事物”，而是使用说服的方法使交易者、附近的人接受它（奥地利学派强调说服的宣传方法）。当接受这个“新事物”的人越来越多，它就逐渐变成了主流的观念、主流的制度、主流的团体。这就是一个演进过程。①

肯定地，市场上不会只有一种新产品，不同的创新者会提出具有竞争性的多种制度方案，至于哪一种“新事物”会成为主流，是未知的。假设，企业家 A 提出一个新方案 a，开始有一部分人同意方案 a，接着越来越多的人接受方案 a。之后，企业家 B 提出了更好的方案 b，直接导致对方案 a 的认可逐渐减少，方案 b 随之被更多人接受。可想而知，起初提出方案 a 的时候，根本无法预知方案 b 的出现。这就是奥地利学派所谓的演化过程：在转型的过程中，一般都是向着一个未知的、完全无法预期的领域转化。当面对一个完全未知领域的时候，一定要有一些规则，否则就无法知道如何进行下去。而这些规则就是作为开始解决问题的行为依据。

无论作为具有企业家精神的创新者还是普通受众，提供方案或

① 台湾清华大学黄春兴教授于 2007 年 4 月间在南京理工大学经济管理学院开设为期一周的“奥地利学派经济理论要义”课程，这部分内容是笔者根据听课笔记所作的概括。

接受方案，都需要具备采用该方案作出决策相应的知识，在上述的转型演化过程中，从微观角度来看，个体知识的更新过程是主线，由此可以引出下一步的知识分析视角。

2.2.2 不确定性、知识及其研究进展

知识问题进入经济学理论视野可以追溯到关于社会主义计算的大辩论，但其渊源从开创古典理论范式的 Adam Smith 处找到，如图 2.3 所示。

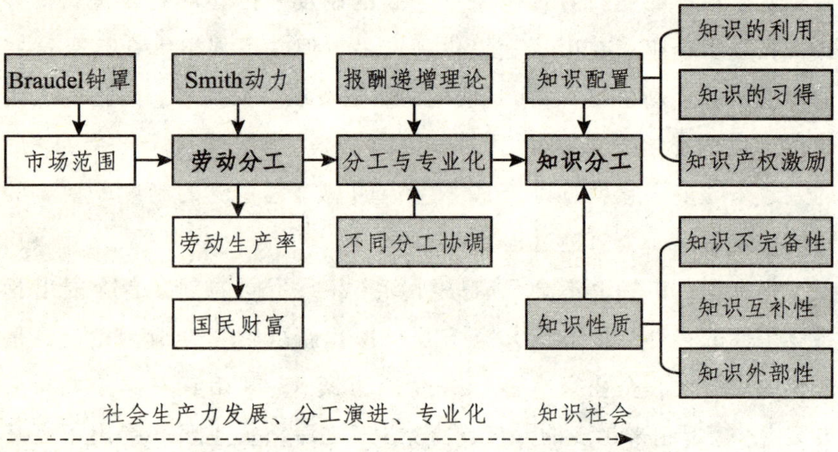

图 2.3 知识在管理学、经济学中的研究脉络

注释：该图是笔者在理解文献［79］的基础上概括绘制的。

Hayek[75]指出："……显然存在一个知识分工的问题，它与劳动分工问题非常相似，起码具有同等的重要性。但是，自从我们的科学诞生以来，后者就是研究的主要课题之一，而前者则完全被忽略。尽管在我看来这个问题实际上是作为社会科学的经济学的中心问题"，并提出如何协调行为主体间分立的、不同的知识这一社会经济运行中的核心问题。

Knight[76]将个体行动可能的未知后果区分为不确定场景和风险场景，前者指个体对可能后果的无法预知或虽知可能后果却不知其

概率分布，也可以理解为不可度量的不确定性，即主观概率；而后者指的是，他虽知可能后果与其概率分布，但无法预知出现的特定后果，也可以理解为可度量的不确定性，即客观概率。

面临**风险场景**的个体决策，在经济学研究中是这样阐述的：行动者在一组稳定的偏好下，在市场中累积最适量的信息和投入要素，用以取得个体效用的最大化。[77]芝加哥学派的经济学家坚持这样的实证主义方法论，用风险场景替代不确定性场景解释人类的决策和行动，不时遭到质疑。

在风险场景下，个体能够先计算预期效用再选择行动。而面临**不确定场景**，却已无从预估不同行动的预期效用，个体就失去选择最优行动的依据，即使信息完全，传统经济理性仍旧无法运作。[78]正如 Knight 指出的，“应付不确定性的问题不可避免地成了管理和经济控制的一般性问题。经济生活中最基本的不确定性就是预测未来和为了适应未来情况而在现在进行调整时的失误”[76]。

其实，不论在哪一种场景下，除传统理论考察的资源、技术、信息等约束外，个体和组织的决策还会受到有限的知识、时间以及低效率制度的限制。经济行为中不确定性的解决只靠信息是不够的，还需要靠本书强调的解读信息和不确定性场景的知识：在不确定性场景下，人们知识缺乏，无法预期行动后果；也正是因为从试错和模仿中逐渐积累相关知识，降低了各自面临的不确定性，使得自己和个体间的决策规则和行动变得可以预期。

从 Hayek、Knight 等先后提出这一质疑，已有研究者在这一方向上做出努力，在仅有的中文文献中，钟惠波对相关工作做了出色的梳理[79]：Becker 和 Murphy 在《分工、协调成本与知识》[80]一文的均衡模型中首次引入“知识”变量；汪丁丁尝试以知识的时间和空间互补性为基础，构建真正的“知识经济学”[81—82]；以 Drucker[83]为代表的管理学家也提出了知识分工、知识劳动、知识社会等概念并给出相应解释，开创了知识管理理论的先河。

对本书的关键词“知识”，笔者在本节余下部分主要解释其与数据、信息的区别及其自身特征。我们先看已有的论点：在 Popper 看来，知识是一种有待证伪的猜测。Simon 指出[84]，“知识在决策制定过程中的作用是用来确定哪些后果是由哪些备选策略所造成的。知识的任务，就是要从整整一大堆可能的结果当中，挑选出与某一策略相关联的一小批结果，或者（理想化地）挑选出唯一的一组结果”。

Tamborini 认为“知识是从行动通往结果的地图，在系统改变状态的时候被激活。信息则是对某一给定状态的认定。因此，目标或者对目标的偏好，本身不足以描述一个认知主体。倒不如说，主体是一个目标—知识—信息的系统”[85]。

汪丁丁对信息和知识的区分是，“信息只是包含可能被知道的知识，知识的价值只能是每个人的主观价值”[21]。在现实中，数据、信息和知识经常被混淆。基于奥地利学派对知识的主观定义，笔者参考 Boisot 在《知识资产》中对三者之间的异同辨析，对本书中强调的知识做一界定。

Boisot 明确指出：

> 知识建立在从数据中提取的信息的基础上。数据是在不同的物理状态之间所做出的区分——黑白、轻重等等，他们也许向主体传达了信息，也许没有。其传达信息与否，取决于行为主体先前的知识储备。例如，对于一个在 Kalahari 地区的丛林中生活的土著 Kung Bushman 来说，由交通信号灯的红灯、黄灯和绿灯所显示的自然状态，也许就不如土壤表明附近存在狮子的某些印记可以提供更多的信息。因此，数据的特征可以被概括为事物的一种属性，而知识则为行为主体的一种属性，只是预先决定了行为主体在特定条件下的行为方式。在驻留于事物中的信息里，信息是激活行为主体的那个数据子集——它是由

行为主体的感性或理性工具从数据中过滤出来的。实际上，信息在事物与行为主体之间建立起了一种联系。可以把知识的概念确定为行为主体所掌握的一组概率分布，行为主体用它来指导自己的行动。随着新信息的到来，这些知识或是得以巩固，或是得到修正。和信息相比，知识无法被直接观察到。知识的存在只能从行为主体的行动中加以推断。[23]

综上所述，笔者强调：

- 知识是个体利用数据和信息，经由自身经验或者已有知识，所建构出来的因果关系，因此知识是主观的；
- 知识是场景依赖的，在一定场景下可以利用已有知识，在另一场景下就需要学习新知识；
- 个体有两种方式获得知识：先天携带和后天学习——个体具备应对不确定性的学习能力，因为人的本质即在于其可能性，这也体现了知识的预期功能；
- 社会互动过程是知识增长的重要渠道，个体间协调互动机制（治理模式、信息交流渠道）能够影响个体知识更新。

2.3 个体决策与学习行为：学习模型综述

最近20年来，经济学越来越关注个体（代理人）行为和互动的认知过程。比如，金融市场上对其他个体行动的老练预期的投机行为；劳动力市场上有限理性代理人采取序贯的冒险、宣传的搜索行动；企业的技术推广依赖于他们对相对绩效和其他个体选择的学习过程。经济学理论的两大基石，与确定性和稳定世界相对应的实质理性（substantive rationality）和均衡，被与不确定性和变化世界相对应的过程理性（procedural rationality）和适应过程取代[86]。个体和组织学习被作为社会现象形成的关键因素来关注[87]。

基于实质理性的学习模型，只能用于描述处于均衡状态的个体及其行为。经典博弈论忽略了“对参与者的推理过程和能力，还有博弈场景下知识的专门化的描述”[88]，即在大多数的博弈理论模型中，缺乏对参与者推理过程和能力的描述，以及关于参考者博弈情景知识的详细说明。经典博弈论遗漏的是人如何学习的理论。在经济学对人的选择行为研究中，描述包括人们如何学习、更新和模型化人们关于自己所生活的世界的信念至关重要。信念的模型化是社会科学中整个理论化的核心[89]。

围绕这一主题，针对“个体认知是如何影响社会交换，而社会交换又是怎样进一步扩展到制度变迁”，尤其是新制度经济学的文献中已经显现出来，在非主流传统和认知科学的交叉点上产生了一些新的十分活跃的分析路径，如认知经济学（Cognitive Economics）、神经元经济学（Neuroeconomics）。认知和行为科学家以及经济学家都开展了大量工作（大部分是通过实验和对人类行为的模拟），从比主流基础更现实的假设出发回答上述问题。

因此，本节主要工作如下：第一，考察经济学中对个体认知行为研究的理论背景和基础；第二，介绍已有的较为成熟的个体学习和决策模型及其相关源流和应用进展；第三，在以上两项工作的基础上，借鉴已有研究成果，尝试做出对个体认知、学习行为选择研究方向及有待拓展、探讨的领域做出一个评述。①

2.3.1 关于学习行为理论的发展脉络

这里从博弈学习行为的心理学渊源开始，对个体决策与学习行

① 德国 Max Planck 学会经济系统研究所的 Brenner，一直关注经济学中个体学习过程（模型及其在产业集群、创新扩散等领域的应用研究），文献［25］系统梳理了经济学文献中学习过程建模的理论进展以及相关学科的研究成果，本书介绍的有关个体学习模型、心理学研究的部分内容取自该文及其所引文献中的相关材料。有关个体认知研究的意义和模型化工作的解读、研究性评论，则是本书的工作。

为相关工作、研究成果进行总结，揭示学习模型大致发展脉络（分类）。

2.3.1.1 心理学中的相关研究

心理学家对学习过程广泛的研究，大致始于100年以前。一开始，心理学家识别到两种主要的学习过程：经典性条件作用和操作性条件作用。① 经典性条件作用描述了现存模型基础上的新的刺激和强化，从而能够解释偏好的改变[90]。这种学习过程的数学模型仅在心理学的范围内建立[91]，而经济学的文献更多关注操作性条件作用的过程。② 大部分关于操作性条件的心理学经历研究，是在动物身上进行的。普遍的研究结论是，产生收益的行为，在未来的发生频率会高一些；而导致惩罚的行为，则在未来将以较低的频率发生。目前，在经济学中这类学习过程即指“强化学习”。

从20世纪50年代到60年代，心理学家开始了关于学习过程的新的研究，他们研究社会互动的影响和学习的观测。基本的观点就是人们不仅从他们自身的经历进行学习，还从其他人的经历进行学习，这就意味着，强化学习的概念已经转移到互动和观测上。研究者通常将学习分类为亲历学习和观察学习。这时，心理学家就进入了认知领域，并且产生了所谓的社会—认知学习理论。如Bandura认为[93]，大多数人类行为是通过对榜样的观察而获得的，即通过观察他人来形成自己的行为准则，并且将来某些时候，这些编码的信息

---

① 条件反射是后天形成的反射，它分为经典条件反射和工具性条件反射（操作性条件反射）。经典条件反射是由巴甫洛夫通过实验提出的，工具性条件反射是由美国心理学家斯金纳提出的。两种条件反射的基本原理相似，即都需要通过强化神经系统的正常活动为基本条件才能形成条件反射。但是，在经典性条件反射过程中，动物是被动地接受刺激；而在工具性条件反射过程中，动物处于自由活动状态，个体主动地通过工具来达到一定的目的。另外，在工具性条件反射中强化只与反应（操作）有关，出现在操作之后；而在经典性条件反射中，强化与刺激有关，而且出现在反应之前。通常，一个比较复杂的条件反射中即含有工具性条件反射，又含有经典性条件反射。

② 到目前为止，对于经典性条件作用，经济学讨论几乎没有涉及（一个例外情况可以参考文献［90］），尽管它仍在心理学中被广泛地研究（可以参考文献［92］的综述）。

会为行为提供指导。

在最近20年，心理学家关注的主要是认知学习的过程（现代认知心理学的主流①）。一般的，认知学习指的是，对于真实世界过程以及相互关系（包括符号和表达）理解的发展。现在，大部分的研究都是关于儿童认知的发展，如语言学习、逻辑思考。缺少以数学形式表达的学习过程的形成，学习过程通常由图表加上口头论证或是逻辑原理来描述。

在实验经济学和脑成像技术的帮助下，对社会现实行为的心理学分析日益深入细化。随着当代神经生理学（研究人类大脑和神经系统的科学）的发展，为直接度量人们的思想和感觉提供了手段。

社会行为主义和认知科学在研究个体与环境（信号）关系方面取得相当大的进展。行为主义通过“刺激—反应”（S→R）模型解释个体与外界信号的关系，认为“学习的过程”是“行为变化”的过程；认知科学对个体学习与社会学习的研究表明，个体对信号的反应和知识积累不仅如行为主义所理解的“行为的变化”，认知科学基于“内在认知结构”模型提出“学习的过程”是“内在精神过程”，包括洞察力、信息处理、记忆、感知等过程[94]。Piaget引入“格局”的概念，认为个体与外界信号的关系应写作S（A）R，其中A是刺激向某个反应格局的同化，而同化才是引起反应的根源[95]。

2.3.1.2 经济学对学习行为的研究

考查认知行为的经济学家如Simon、North、Aumann等人，他们在新制度经济学和博弈论的研究中都涉及了人类的认知行为。一些制度主义研究者更是关注作为认知协调装置的制度的功能和形成。

① 以信息加工观点研究认知过程是现代认知心理学的主流，认知心理学的核心便是信息加工研究。其将人看作是一个信息加工的系统，认为认知就是信息加工，包括感觉输入的变换、简约、加工、存储和使用的全过程。

North[96]首先将心理学中的共享心智模型引入经济解释。他认为，认知科学和经济学存在着极大的潜在相关性，这不仅表现在它试图解释人们如何学习，如何把信念和偏好结合在一起以做出决定，而且体现在人们面对纯粹的不确定性时如何、为何发展理论，什么使得那些理论在人群中广为传播或者逐渐消失，还有，人们为什么相信它们并据此行事。① 个人如何认知他所处的社会是经济发展中最核心的问题。这种认识必然影响到个体的决策过程，这就造成"路径依赖"效应，最终影响一个国家或地区的制度变迁。North 进一步认为，学习是取决于如下要素的累加过程：第一，一个既定的信念系统如何过滤各种经验所产生的新的信息；第二，个人与所处社会群体在不同时间所面对的不同经验。②

同时甚至更早，一些博弈理论家[97—103]已经关注到这样一个问题：绝大多数的非合作博弈理论集中研究的均衡问题，尤其是博弈规则、参与者理性以及其支付函数，都是共同知识的条件下产生的纳什均衡及其精炼解，"在理论上和实证上都存在许多问题"[98]，因而积极转向来自于学习演化和模仿的均衡思想研究。

在放弃了均衡的"完全理性个体长期最优化结果"和"学习过程必将收敛"这一信条之后，研究者们开始更多地关注个体的学习（信念调整）过程，研究其经济行为。大量关于学习的文献[104—106]研究了行为者如何从过去的行为进行学习，行为者如何通过对环境结构以及他人行为的理解来学习，以及调整信念的贝叶斯学习等。这些博弈学习理论主要围绕个体如何学习而提出模型，有别于行为者

---

① North 在诺贝尔受奖演说中提到，"我一开始就探索是什么因素造就了经济的富庶或贫困，因为在我看来，只有做到了这点，接着才能谈如何改善经济绩效。探索经济绩效的最初根源，可以说是一段漫长而充满意外的旅程，从马克思主义转变到认知科学（cognitive science）"。

② North 强调：一旦我们离开简单的竞争，一旦价格依赖于其他买卖者的行为，决策的复杂性就增加了。的确，要求解决的有趣问题来自人们在经济、政治和社会市场中的互动。他人的知识、行动和信念是建构有用模型的基本的先决条件。

被假定为在已知他人行为的情况下能够正常运作的传统模型，考察了经济行为者在不知道其他行为者的行为和制度环境的情况下，通过相互作用并学习从而理解对手的过程。在该领域内，实验经济学家也对个体在重复博弈中的学习过程进行了广泛的研究，并提出了许多模型。

2.3.2 博弈学习模型的进展

心理学以及经济学文献表明，存在不同的学习过程及相应学习过程的特征。学习模型分类的方法和各种模型在形式上不尽相同[25]，第一种分类可以根据学习模型的来源进行。如基于心理学的模型（如强化学习），基于理性的模型（如贝叶斯学习和最小二乘学习），适应性模型（如学习导向理论），信念学习模型（如虚拟博弈），以及由计算机科学和生物学所激发的模型（如遗传算法[107]、神经网络[108]）。第二种可以根据经济学领域通常的应用情况，对学习模型进行分类。例如，宏观经济学主要使用贝叶斯学习（对于贝叶斯学习模型的描述和分析可以参见文献[110]）和最小二乘学习[111—113]，而强化学习、虚拟博弈和学习导向理论[114—115]主要应用于实验经济学中。同时，遗传算法[116]常常应用于基于代理人算计的经济学中，而博弈理论家更偏向于虚拟博弈[117]、复制者动态[118]和其他适应性学习模型。

笔者在本书中归纳了两类基本的学习模型：基于强化（Reinforcement-based）学习模型和基于信念（Beliefs-based）学习模型。基于强化的学习模型不要求参与者形成有关其他参与者可能行动的信念，“对手是谁”对参与者来说并不重要，即不要求参与者拥有关于对手的任何知识，只要求强化物来自于参与者过去行动的支付。随着演化的进程展开，参与者调整自己的行为，能够获得较高支付的行为将更多地被采用，故而可以理解为是一个刺激—反应模型。Roth 和Erev[119]、Slonim 和 Roth[120]等都深入研究过并应用这类学习模型来分析实验中所观察到的结果。基于信念学习模型认为，在重复博弈中参与者通过对博弈历史的观察，形成其对手未来行动的信念，在给定信念下选择期望支付最大的策略。

2.3.2.1 一般的强化学习模型

强化学习模型是基于心理学实验证据的模型，其关键是：当一种行动导致了奖赏，即正的产出，那么这个行动在未来发生的概率就会增加；而一种导致惩罚，即负的产出的行动在未来发生的概率会下降。

现有强化学习模型主要有三种[121]，分别为 Bush-Mosteller 模型[122]、参数化的学习机器（Parameterized Learning Automation）模型[123]以及 Roth-Erev 模型[124]。其中，参数化的学习机器模型和 Roth-Erev 模型只能用于处理正产出，而 Bush-Mosteller 模型既可以处理正的产出，也可以处理负的产出。此外，Bush-Mosteller 模型中学习速度为常数，而参数化的学习机器模型和 Roth-Erev 模型中，学习速度双曲线地收敛于 0。

强化学习模型要求参与者用过去行动的支付来度量强化强度。目前常用的主要有两种度量方法：一种是累计支付的强化强度，另一种是平均支付的强化强度。这里通过简单介绍 Roth-Erev 模型[124]来具体说明强化学习模型。

假设参与者可选策略集合为 $A(a_1, a_2, \cdots, a_i, \cdots, a_k)$，其中，$k$ 为可选策略的个数。则在重复博弈的第 t 期和第 $t-1$ 期，对于策略 a_i 的两轮强化强度更新为：

$$q^t(a_i) = \begin{cases} q^{t-1}(a_i) + \pi(a_i, a_{-i}) & \text{在 } t \text{ 轮选 } a_i\text{，得支付 } \pi(a_i, a_{-i}) \\ q^{t-1}(a_i) & \text{在 } t \text{ 轮未选 } a_i \end{cases} \tag{2-1}$$

或者表示为：$q^t(a_i)=q^{t-1}(a_i)+I(a_i,\ y)\pi$。其中，$I(a_i,\ y)$为示性函数，表示当$a_i=y$时，$I(a_i,\ y)=1$；否则$I(a_i,\ y)=0$。如果强化强度来源于过去行动的平均支付，用$\varphi$表示过去行动的影响程度，那么：

$$q^t(a_i)=\varphi q^{t-1}(a_i)+(1-\varphi)I(a_i,\ y)\pi \qquad (2-2)$$

假设每一个策略的初始强化强度为外生的，则在$t+1$期选择策略a_i的概率为：

$$p^{t+1}(a_i)=\frac{q^t(a_i)}{\sum_{i=1}^{k}q^t(a_i)} \qquad (2-3)$$

参与者根据这个概率的大小来选择具有最大概率的行动。

2.3.2.2 一般的信念学习模型（虚拟博弈）

信念学习模型主要来自基于博弈互动实验的证据[117]。信念是指个体的主观概率判断，信念学习模型指参与者通过观测其他参与者在过去各期内采取各种行动的概率，来对此做出最佳响应，选择能够给自己带来最大预期支付的行动。

信念学习模型大致分为四类：使用频率最高的虚拟博弈模型；优化学习运算法则的模型：贝叶斯学习模型、最小二乘法学习模型；人工智能和机器学习模型：基因编程、分类系统、神经中枢网络；心理学模型所激发的模型：学习规则、随机信念学习（SBL）模型。

在一般的虚拟博弈模型中，认为参与者能够记住其对手以前的所有行动，即对于每一期对手过去的行动赋予了相等的权重；如果不能记住，并且对于越近期的博弈，赋予的权重越大，此时就是加权虚拟博弈。这里介绍最广为使用且最具代表性的虚拟博弈模型[102,125]，为了简单起见，以两人虚拟博弈模型为例。

假设对手的行动集合为 $C(c_1, c_2, \cdots, c_i, \cdots, c_k)$，则在两轮之间，参与者对于其他参与者选择行动 c_i 所赋予的信念权重更新为：

$$b^t(c_i)=\begin{cases} b^{t-1}(c_i)+1 & \text{在 } t \text{ 期对手选择行动 } c_i\text{，信念权重相应增加 } 1 \\ b^{t-1}(c_i) & \text{在 } t \text{ 期对手没有选择行动 } c_i\text{，信念权重不变} \end{cases} \tag{2-4}$$

则在 t 期，参与者形成的其对手选择行动 c_i 的概率与信念权重之间的关系为：

$$\mu^t(c_i) = \frac{b^t(c_i)}{\sum_{i=1}^{j} b^t(c_i)} \tag{2-5}$$

在给定其他参与者选择各种行动的概率的信念下，参与者计算出自己可供选择的每一个纯策略 a_i（参与者的策略空间为 A）的期望支付 $\pi(a_i/\mu^t)$，则参与者在 $t+1$ 期选择纯策略 a_i 的概率为：

$$p_{a_i}^{t+1} = \frac{\exp(\pi(a_i/\mu^t))}{\sum_{a_i \in A} \exp(\pi(a_i/\mu^t))} \tag{2-6}$$

同样地，参与者选择具有最大概率值的策略为自己的最优响应。

2.3.2.3 经验加权吸引学习模型

Camerer 和 Teck 考察了既包括强化模型又包括信念模型的更一般的模型，即经验加权吸引学习模型[126]，通过极大似然法估计模型参数，这种混合模型比单纯的强化和信念模型更好地描述行为。学习模型对行为预测的准确度不仅依赖于所选博弈而且依赖于所选的拟合度标准，但就实验对象进行非对称信息博弈而言，学习模型都比静态纳什均衡更好描述实验行为。

EWA将强化学习和信念学习这两种学习过程描述为特定选择的模型参数的边缘情况，即EWA包含了上述两种学习方式。与强化、信念学习模型相比，主要存在着两点不同：一是观测经历来源的不同，强化学习模型观测的经历来自于参与者自身过去的经历，信念学习来自于其他参与人过去的经历，而EWA中的经历观测是两者的结合；二是两轮之间学习调整的规则不同，强化学习模型采取强化强度的调整，信念学习模型是信念调整和响应的过程，EWA模型结合了上述两种调整规则："在强化学习中，策略具有数字表示的吸引水平，即当一个策略被选择且得到了一个好的结果时，该策略被强化。强化学习是动物学习的一个较好的模型，但不能完美地表征人们并不具有直接强化物的策略选择这一事实。在虚拟博弈中，参与者基于其他个体过去行为的加权平均值，形成信念，并在该给定的信念下做出最佳反应。基于过去观测形成信念并且计算预期支付的过程等价于对每一个策略（选中或者未选中）进行强化的过程。这一数学事实意味着，基于两类突出的学习模型——强化和信念学习（虚拟博弈），存在一个更一般化的模型——EWA模型。"[126]

2.4 行为博弈论与实验经济学的新进展

博弈论的基本行为假设是：理性参与人关于其他参与人策略的信念是同质的，且这些都是共同知识——循环理性。而问题就在于参与人进入博弈之前的初始信念是什么？形成的过程又是怎么样的？这是标准博弈论所回避的问题。博弈理论家也有关注这一问题的，如博弈前交流、聚点等探讨共同知识的形成问题。

Schelling首先提出了聚点均衡，[127]指出存在多重纳什均衡时，一些有突出特征的策略往往就会成为大部分参与人的共同选择，进而剔除了几乎其他所有的纳什均衡解。而 Mehta 等人则通过一系列严密的博弈实验验证了 Schelling 的理论。[128]

现代博弈论从所分析问题的前提假设、逻辑推理直至最后结论都是建立在严格的数学演绎体系内的。在博弈论形式化成数理模型时，这类主观性的因素往往被研究者剔除或抽象掉，所有参与人自身如何描述和认识他们策略的信息等主观特征被忽略，而正是这些主观特征在博弈参与人的知识结构中将两个看起来无差异的策略“凸现”出来。Schelling 关于聚点的讨论具有深刻的洞察力，其实是在讨论进入博弈参与人之间的共同知识如何积累增长，但是，目前还无法使用严格数学模型使得这些结论为大部分研究者所接受，而被排斥在规范的博弈分析之外。[129] 作为一名与 Hayek 和 Machlup 同时代的奥地利学派经济学家，《经济行为与博弈论》的作者之一 Morgenstern 很早就注意到考察非均衡市场过程的必要性。而在博弈论中，绝大部分的推理都是在同质个体同质信念和完美预见力假设下的静态场景中做出的。

对“均衡什么时候出现”以及“为什么均衡会出现”，传统解释是，均衡是在博弈的规则、参与人的理性以及参与人的支付函数都是共同知识的情况下，由参与人的分析和自省所得出的结果。不论是在概念上还是在实证上，这个理论都存在许多问题。有此疑问，研究者调整先前对于个体的基本行为假设，开始在个体和群体两个层面上考察其学习调整行为与均衡状态收敛的关系。在群体层面，主要是基于演化动力学的复制者动态、最优响应动态、模仿动态等群体选择学习模型，这类模型假定个体有限理性且具有快慢不一的学习速度，但是缺乏对个体主体性的分析。再一类在个体层面的工作主要是实验经济学和行为博弈理论中关于个体决策与学习行为的理论研究。

借鉴相关经验学科的成果与方法，个体层面的研究工作也可以分为两块：一是将单个个体在互动过程中的信念和行动收敛过程形式化，运用可控的博弈实验数据进行参数估计，并检验其对个体学习调整行为的拟合程度——是否能够真实地反映和预测现实世界中面临各种特定场景的行为主体的决策过程；二是，基于上述对单个个体调整过程的一般形式化工作，考察多个个体互动过程中的影响因素（如观察模仿、老练行为），并通过设计控制实验，检验做出的假设，对现实经济行为做出预测。

2.4.1 单个个体学习调整

普遍的是强化学习模型，假定策略是被以前的支付所强化的，在某种程度上一个策略的选择依赖于它们的强度积累。受强化支配的参与人没有对于其他参与人的行为形成信念。他们只关心以前策略产生的支付，而不关心产生那些支付的历史。

强化和信念学习之间存在紧密的联系。某些研究者将选择强化模型扩展到用所有先前支付来强化或者是用最高的先前支付来强化。Roth 和 Erev 并没有意识到这些扩展其实已经类似于信念学习。

EWA 试图将强化和信念学习两种方法的元素合理的合并起来。Camerer 和 Ho 认为可以用参数是否有清晰的心理学解释来证明这一观点，也可以用参数是否可以提高统计精度（调整是为了增加自由度）和提高预测精确度来证明。为了证明 EWA 的经验有用性，Camerer 和 Ho 在三组实验数据中采用极大似然估计参数。这些数据取自很多博弈：单一混合策略均衡的常和博弈、多重帕累托序列均衡的合作博弈、具有唯一占优可解均衡的 *p*-选美博弈。一些经验研究已经估计过信念和强化模型，但大多数没有直接用统计实验比较过它们。因为 EWA 是一个一般模型，当参数取某个值时，EWA 就会变为强化学习和信念学习，那么将它们和 EWA 进行比较，以及相互比较是比较简单的。

在 EWA 学习模型[130]中，策略的吸引反映了初始状况，根据支付经历来更新，并根据某些规则（如 logit 形式）来决策选择概率。

一个关键的特征是参数 δ，通过未选策略产生的支付来衡量策略的假定强度，这些支付是相对于通过接收到的选中策略的支付强度而言的。另外的关键特征是两个贴现率，ϕ 和 ρ，分别是以前吸引和经历权重的贴现。EWA 包括了作为两个特例的强化学习和加权虚拟博弈（信念学习），以及混合了它们的关键元素。当 $\delta=0$、$\rho=0$ 时，为累积强化学习模型。当 $\delta=1$、$\rho=\phi$ 时，策略的强度水平和虚拟博弈中的预期支付是一样的。用三组实验数据来校正模型的参数估计，并辅以一个支持样本确认校正后模型的合理性。δ 的估计值大致在 0.50 左右，ϕ 在 0.8—1，ρ 在 0—ϕ。特例强化和信念学习产生于 EWA，信念学习在常和博弈中运行得更好。EWA 可以很好的结合以往方法的特点，能够像强化一样产生吸引并弹性发展，但能像信念学习一样充分强化未选策略。

还有一类是认知层级理论，Camerer 等人[131]通过一系列的实验研究和模型分析，提出了只含有一个参数的认知层级理论，从而反映这种有限/受限的理性思维。这一模型指出，人们所能进行的反复思维次数是有限并且因人而异的。能做 w 步反复思维的参与人会认为其他所有的参与人反复思维的次数都少于 w，而不进行反复思维的参与人则是在可选择的策略中以平均的概率进行随机选择的人。而实际情况中参与人进行的反复思维次数是服从泊松分布的，即：$p(w)=\dfrac{e^{\tau}\tau^{w}}{w!}$。此处 τ 就是所有参与人反复思维次数的平均值。并且实验表明这个平均值是介于 1 和 2 之间，即使假设 $\tau=1.5$ 也可以很好地预测这一类博弈中参与人的行为选择了。

2.4.2 多个个体互动中的老练学习和策略指导

在文献［98］中，Fudenberg 和 Levine 认为：均衡是并非完全理性的参与人随时间的推移寻求最优化这一过程的长期结果。在这一过程中，他们注意到了老练学习这一方式，即参与人之间存在异质性，如果存在具有远见的老练参与人和指导者（teacher）——出于对博弈的理解优势，通过重复选择自己的纳什行动达到纳什均衡（而不管关于对手行动的信念是否为一个最优响应）。指导者的存在可能加快均衡收敛过程，使得参与人的行动和信念很快收敛到纳什均衡。因此他们在理论上给出了带有老练学习的贝叶斯方法的博弈论阐释。

针对研究者较少关注“teacher”在博弈收敛过程中的关键作用，Ehrblatt、Hyndman、Ozbay 和 Schotter[27]认为信念学习模型是回顾过去、短视和机械的过程，此间信念基于对手行动的历史数据形成，行为被描述为一些确定性的或随机的最优响应类型。显然，强化、信念学习模型都未能将对手的支付纳入模型表达。相反，他们认为成功的收敛过程是：一个行动引致的过程，即一个参与人作为指导者，自己采取如下行动，通过重复选择自身的纳什行动达到纳什均衡，而不管对于他的信念这是不是一个最优响应。成功的收敛需要这样的一个专家和一个快速的学习者，亦即将足够大的权重赋予新近历史经历的个体。最后，通过三组两人 3×3 博弈实验检验了上述假设，并给出了不同的信念形成模型，研究被试采用的信念形成过程，将对手的支付纳入其中，赋予个体远见能力（向前看），而不是像以往学习模型中的个体（只能回顾历史向后看）。

Merlo 和 Schotter 针对个体在经历大量重复选择尝试之后究竟会习得什么，提出了假设[132]：个体在经历中受益的不同方式，决定了他们从经历中去学什么（不同的东西，且绩效不同）。设计了控制实验，使得个体经历大量重复尝试再做“surprise-quiz round”选择[SQ（大奖测试）]，结合在一起可以判断究竟习得如何，以此检验上述假设。

延续上述实验方法，Merlo 和 Schotter 考虑这样的假设[133]：信息收集过程会影响被试的选择行为（信息积累方式可能对决策者的经济决策质量有显著影响）。被试从同一人群中随机抽取，试验发现被试“看着学”的效果可以比“干中学”更好。对此给出的可能解释是：当被试在重复试验或参与市场行为中每轮都能获得一小点收益时，如同在大部分实际市场上那样，那么市场反馈趋于将决策者的注意力聚焦于短视的刺激—反应特征，这看来阻碍了他们对试验经历的记录进行权衡分析判断。然而，如果被试看着动手者经历了全过程，那么他的注意力将会有不同的聚焦点，反而会有好效果。研究者还发现，不仅观察能潜在地提高绩效，而且观察者的学习效果取决于他们观察的对象。换个角度说，观察相对好的行动者以后做出的决策，要比那些只看到差劲行动的观察者好得多。好的模仿对象对行动绩效至关重要。

2.5 小结

从个体认知行为研究理论出发，笔者首先在本章梳理了文献对共享资源治理的研究思路和方法及其行为学和知识学转向。其次，尝试在转型研究中引入知识获得和学习过程的研究视角，综述了较为成熟的数理化个体学习和决策模型及其相关源流。

(1) 关注个体行为选择的研究传统，一般都试图从比主流基础更现实的假设出发，重建经济学方法论。

这一分析路径，舍弃了古典经济学的工具性概念，采用更加实验的观点，它的假设变得越来越基于实验经济学（包括实验博弈理论）。实验经济学，作为收集这方面数据的主要方法，对于这一分析路径的发展至关重要（虽然尚缺乏关于如何进行实验的方法论探讨）。因此，对人们真实的学习和决策制定的经验观察是必要的。同时，对不同学习过程进行分类、模型化，并应用这些模型的意义于诸多实际场景中，是一个显著的趋势。

(2) 对个体学习和决策行为的研究（尤其形式化工作），在诸多领域展开（研究经济代理人在互动中的心智运作和适应过程）。

主要有：基于个体信念和推理，探究由人类认知约束导致的过程理性的认识领域；基于互动网络和适应过程，探究自组织系统导致的自发结构的演化领域。需要指出的是，和借用基于群体层次描述生物及其环境演化现象的演化博弈动态模型（如复制者动态）与研究复杂的参与人决策过程的群体层次学习模型相比较，基于个体的学习模型（如强化、信念学习模型）更体现了个体的主体性——具有的逻辑思维、推理及学习能力。因为，人类行为的演化并不是纯粹生态意义上的进化，而是一种“文化的演进”（Cultural Evolution）[134]。

演化博弈彻底抛开了传统博弈的“理性算计”思路，这就导致演化博弈分析中的个体主体性的丧失。缺乏个体主体性的分析在纯粹生物基因遗传上是可取的，但将之运用到社会经济系统的演化上时必须慎重。

(3) 在承认不存在一个普适性的模型能概括不同场景下的不同学习过程这一前提下，归纳了几个基本模型的适用情况。

当个体面临“不重要的且熟知的”决策场景时，可以采用强化模型描述其学习过程，如 Bush-Mosteller 模型；当个体面临“重要的且未知的”决策场景时，可以采用 Roth-Erev 模型，诸如“导致过去好的选择在将来最有可能被重复”的行为规则；当个体信念在决策中作用较大，即观察他人而后做出最优行动，可以用如虚拟博弈之类的信念学习模型加以刻画。

尽管由于缺乏足够经验的和实验的证据，使得为每类学习过程精确建模不太可能，研究者们仍有一些选择的余地——在选择模型时会基于各自的研究主题和某种程度上的个人好恶。

3 基于适应性学习和老练学习的信念形成模型和研究设想

本章首先阐释了信念形成和知识习得模型的解释目的，并做基本假设，包括个体间的知识异质性和适应理性。然后在已有行为博弈模型基础上，综合表述了知识更新、个体适应性学习、老练学习和信念形成，并提出了可能存在的个体间策略互动中的策略指导，从理论上探讨老练学习和策略指导行为对于均衡收敛和多重均衡选择的作用机制，为第4章的实验研究提供一个概念性的理论框架。

3.1 解释框架的方法论和目的

尝试解释“尘埃如何落定”[60]这一通往可能均衡的过程，首先要交代所用理论模型的方法论和解释目的。Schelling 认为，“均衡只不过是一个结果而已，是将那些没有稳定下来的因素稳定下来之后所出现的状态。因此，均衡的思考本身就表明了对调整过程的认可”[135]。那么，在方法论上如何看待均衡和过程的关系，或者说如何调和，将是本节的任务。

3.1.1 方法论个人主义和主观主义认识论

对“方法论个人主义”的倡导是普遍的，然而这一术语很少被精确定义，焦点问题是“解释是仅仅包括个体，还是应该包括个体及个体间的关系"[136]。Hayek 在《个人主义：真与伪》[137]中指出，奥地利学派的个人主义不是新古典意义上的"个体完全自由和能动"的原子式、孤立的个人主义，也不是个体在结构面前毫无能动的结构主义或集体主义，而是从演化的、"生态理性"的假设出发去考察"个人的行为及人类文化与制度的发生秩序，并进而分析文化与制度的存留、差异和跨时间的发展。这是一个反复试错的文化与生物演化过程，它产生了在家庭和社会中形成的行为规则、传统与道德原理，从而为非个人交换中的产权及个人交换中的社会合作奠定基础"[138]。

本书的研究对象已经明确，即老练学习和策略指导这一策略互动关系对个体间知识增长的作用，最终影响社会制度（均衡）的形成。我们主张按照个体加上个体间关系的解释来理解方法论个人主义，而避免对个体的单方面强调。如果按照新古典的经典理论回答本书提出的问题，就是传统的约束条件下完全理性个体的利益最大化，以实现社会福利函数的最大化，在共享资源治理问题中给出的对策就是市场失灵，必须采取国有化或"庇古税"的方式解决。本书从个体信念和决策规则的角度，考察转型期的共享资源治理过程，显然是基于方法论个人主义的一种研究视角：个人理性是有限的，人类生活赖以维系的合作秩序并非能够理性设计的，而是人类行动演化的结果。面临环境的不确定性，每个个体所具有的知识都是局部的、零散的，只有通过不断的试错、调整学习，才能获得应对某些场景的知识。

这里的知识一词又涉及主观主义认识论。边际革命将经济学研究推向主观主义，对价格的解释由诉诸物质生产的客观状况转向求助人们的主观评价、选择[139]，而不像传统经济理论那样只针对一种要素给出一种理论解释（如劳动价值论的解释）。Mises 把经济学定义为一门研究人类行为的科学，人类行为本质上是有目的的，其目的不是在约束条件下最大化，而是到达一个更满意的状态。Menger

的主观价值理论是主观主义认识论的一次伟大应用：价值是个体对于具有不同稀缺性的商品的主观评价，价格为人们提供了一个对环境的解读信号。

主观主义指出了知识、时间、人类认知的重要性。个人决策者有可能犯错误，应当如何看待犯错误的可能性？新古典主义的标准分析假定人们信息完备，这其实排除了犯错误的可能性。在主观主义的分析范式中，人类的行为不再是纯粹的逻辑推理，更多的可能是其对经验世界的主观理解、体验，个体经历、知识传统及所处的场景等都将对其行为产生影响。Menger 在《国民经济学原理》中就说，“在未来的时代里，人类经济进步的水平将仍然与人类知识进步程度成正比，这是再确定不过的事情”。难怪 Hayek 强调，“在过去几百年里，经济理论的每一次重大进步，都是更加坚定地运用主观主义”。

3.1.2 解释目的

如 Chase 等人所指出的，“从启蒙运动时期开始，哲学家们已经将人的理性等同于概率和逻辑的法律”[140]。自马歇尔以降，理论上的人类行为被提炼和形式化为两个互补的模型：期望效用理论和贝叶斯更新法则，这就是理性选择理论。Clark 的评价是“总的来看是心理学上的非现实主义”[141]，因为理性选择已经被视为人类推理的标准，当两者不一致时，研究者可能怀疑是推理出了问题，而不是这一标准。

与理性选择理论不同，本书的解释框架源于行为研究传统，结合有限理性假定下的行为博弈和学习理论。在一篇关于博弈学习中的信念形成问题的经典文献[125]中，Cheung 和 Friedman 给出了一个博弈学习的概念性框架（如图 3.1 所示）。我们的解读从“信念”开始，个体处于某一经济环境，在行动前就具有对该场景下行动的判断。理论上有两种情况：风险和不确定性，风险是可以用统计学上的概率分布表征，而不确定性不具备这一属性。在博弈模型中用个体的主观概率判断——信念将这两种情形纳入分析。然后，个体依信念启动自己掌握的决策规则，做出行动选择，根据博弈规则，也就是支付函数得到相应的支付结果，显然个体对于该行动结果会做出自己的主观评价：若满意，则继续依此决策规则做出选择；若不满意，则会学习新的知识（如模仿成功者、自己试误），改变决策规则，形成新的信念并做出决策。可见，行动可以看成是信念的函数，而这一函数关系就是个体赖以做出选择的决策规则，支付结果可以看作行动的函数，函数关系就是支付函数，而个体所持信念又可以视作上一轮博弈的支付结果的函数，其函数关系就是个体学习规则。这样在每一轮博弈及与下一轮博弈之间，构成了一个反馈环，再从整体来看，组成了参与者与社会制度（游戏规则）之间的互动关系。

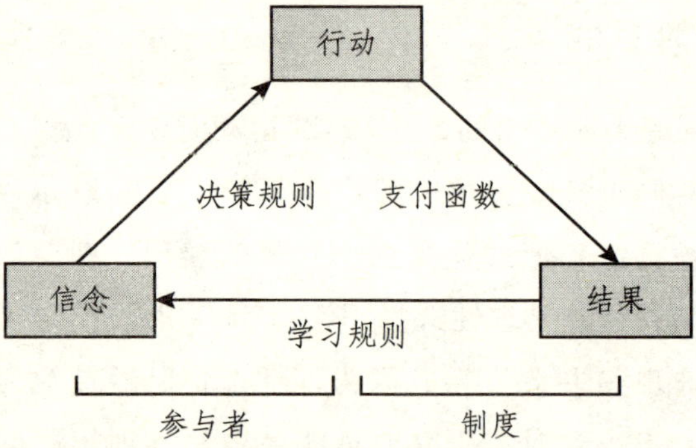

图 3.1　Cheung 和 Friedman 关于博弈学习的概念框架

本书的研究内容也可以纳入上述参与者与社会制度的互动中，所不同的是，本书集中在社会制度转型期、个体决策规则的知识掌握程度差异较大时，如何通过学习达到个体决策知识的增长、完成决策规则的调整？所以，我们解释的目的包括：

（1）个体的学习与知识增长

现有的公共物品供给与治理研究文献一般有两种分析路径：一

是从公共物品供给量的角度考察其治理状态——每个个体的供给量与总供给量之间的关系，如何达到最大化，主要因素包括群体规模、个体间的财富异质性及社会性偏好等；另一条分析路径是沿着行为收敛考察一个群体内的占优策略——合作行为占优（或达到演化稳定状态）则该群体的公共物品将得以维系，否则如果搭便车行为在该群体内的比例占优，公共物品将趋于枯竭。而对本书提出的住宅小区共享资源治理转型问题，大部分文献并未提及或者说并不胜任解释这一问题。因此，笔者将从个体信念和决策规则调整的学习行为出发，从社会转型中个体决策知识学习这一角度考察这一类特殊的共享资源治理问题。尤其是在这样一种个体间知识存在较大异质性的情形中，由于各自知识传统、个人经历等的异质性，一部分个体会率先获得新知识、完成认知协调，部分个体则尚处于认知不协调的知识缺乏状态，这两类个体如何在同一个社会中协调互动。每个人的决策知识、策略集等都是有限的、不相一致的——个体之间协调将会是什么状态，共同知识如何产生？两类个体间可能出现的老练学习和策略指导行为将对知识增长产生关键性的作用。

（2）社会制度（主观认知均衡）的达成与选择

不确定性与制度是一对矛盾的概念，不确定性为多样化留有足够的空间，为学习留有足够的空间。而学习的结果又是为了分立的个人知识的协调、作为共同知识的制度发育，即学习是为了寻求确定性。而不确定性又为学习提供了空间，为多样性和创新、为人们的好奇心创造了可能。制度经济学研究中的“制度内生”这一关键词已逐渐成为共识，但如何从个体认知推及制度内生、演化仍然是一项具有挑战性的任务。在本书中笔者不可能完全揭示由个体到制度演化的整个过程，但是期望能够在从个体决策知识习得解释共享资源治理转型过程中，提供若干一般性的结论：在多重均衡博弈中，知识异质性分布、个体间的策略互动如何影响均衡收敛的可能性及多个均衡状态的选择；博弈参与者选择策略的微观动机（激励）如何影响均衡状态的达成，反之可以从机制设计的角度研究如何设计一个机制使得个体在自利的同时实现研究者的预定目标，当然这有违上文的方法论个人主义和主观认识论。

(3) 个体的主观行为特征分析

具体地，在博弈模型构建上，如何尽可能多地纳入个体的主观行为特征，而又不失其抽象、简练和准确，是一大难点。本书所用行为博弈模型的原型都可以在心理学找到对应的原理，将知识异质性、老练学习和策略指导纳入考察则是本书的拓展。行为博弈论的开拓者 Camerer 给出一个经验模型应该具备的特征，我们归纳如下：第一，采用被试所拥有的和使用的所有信息；第二，参数具有心理学含义，且与相关社会科学接受的共识尽量一致；第三，模型应该尽可能简单，每个参数都有其对应的含义；第四，可以接受统计学指标判断、比较模型优劣（拟合度）。

3.2 基本框架和假定

走出博弈论框架，本书模型预期解释的问题所处基本框架如图 3.2 中所示，在社会或组织转型的决策知识更新过程中，单个个体的调整适应方式为：出现新场景下的新信息刺激，个体原先知识传统下的认知会与新场景、新信息不相适应，甚至发生冲突，从而处于认知不协调状态。个体如何适应制度转型，达到认知协调状态，亦即获得新场景下决策需要的知识？或者说，上述过程中，单个个体信念和决策规则的调整机制如何？若将知识作为范式，那么在什么样的条件或者说场景下，才会发生范式的革命？

为适应转型，作为参与人的行为主体需要更新相应的决策知识，获得知识并且在互动协调（包括竞争）过程中利用这些知识。因此，本书将在行为博弈理论的分析框架中，刻画个体在新场景下获得新信息、新经历，修正原先的行为模式，并开始选择性的学习过程，从而获得主观知识。在图 3.2 所示框架下，本书主要工作围绕个体的适应性和老练学习以及两类个体间的策略指导、信念形成过程，在这一部分主要阐明模型中表征、解释的基本假定：有限理性、老练与适应性学习和知识异质性。

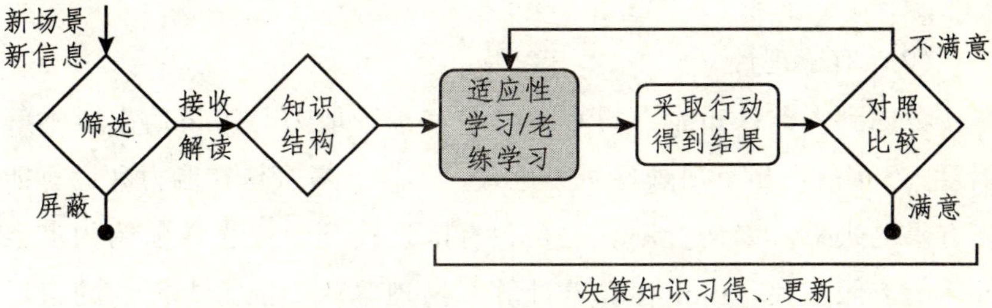

图 3.2 个体决策行为与知识习得、反馈过程

3.2.1 适应理性

(1) 新古典理论的理性假定

传统决策理论对理性选择主要关注三个要素：偏好、信息、最优化，对这三个要素所做的假设分别为：满足一致性、连续性和完备性的偏好公理化体系，行为主体具备决策需要的完全信息，最优化的决策原则。这也是现代主流经济学分析的逻辑起点，被称为实质理性范式。[142]

显然，经验世界的个体决策是有限的、实时的、具体的且内植于环境的[141]，上述三个假设都无法得到满足，基于此上的整个分析体系也受到多方质疑。Clark[141]认为新古典理论的“理性”忽视了人类推理活动的时间和空间特征，混淆了个体认知水平和外部环境约束之间的关系，只有在个体行为受到强外在约束时才是正确的；而在弱约束下，新古典经济学理论甚至完全错误。面对理性选择假定的困境，Alchian[143]提出了著名的“as if”辩护，即虽然现实中的人并非全知全能，但在经济分析中可以将代理人视作是理性的。理性就是每个个体都通过成本—收益比较、趋利避害原则对其所面临的问题进行优化选择，且具有关于所处场景的完备知识、完全信息、一致偏好。应运而生的信息经济学家将经验世界中发生的个体决策偏差，归咎于个体无法获得所处场景的完全信息或者在该场景中没有给个体足够的激励[144]，仅仅将信息视为个体最优化其效用函数的约束条件。[20]

（2）有限理性

考虑到人类认知能力的心理极限和推理能力与决策信息成本等因素，Simon 提出有限理性研究范式[145—146]，考察认知能力和计算能力有限的决策者如何行动。但是，有限理性理论一直在强调约束条件下的有限理性。由于存在着计算、推理等认知能力方面的约束以及不确定性、信息成本、制度等外在约束对理性发挥的限制，其实质是“理性不足的有界理性”[24]。但这只是 Hayek 论述的个体决策时三种理性状态（理性不足、理性的无知、理性的非理性）之一[147]。此外，Simon 忽略了对个体认知、学习过程本身的考察。

（3）适应理性

文献［24］基于行为经济学的研究成果，提出了“适应理性”这一理论假说，试图涵盖行为经济学的研究进展，如认知图式、认知偏差和启发式决策等。借鉴其界定，笔者从如下两个方面给出本书所采用模型的分析基点——对博弈参与者理性状态作出基本的行为假定：

决策过程是一个试错的学习过程：因固有的知识传统和经历，一开始，个体在原有知识结构内寻找接收到的信息与策略支付之间的联结，即知识，这体现了决策模式的路径依赖性。如图 3.2 所示的两种情形：如果新信息与原有知识结构及对应的决策相匹配，就能按照原有知识得到满意的支付结果；如果新信息与原有知识结构及对应的决策不匹配，新信息可能被屏蔽，或者依然进入知识结构，但得到的结果将不是依原有知识得到的预期支付。

知识的更新过程，即原有知识结构内寻找接收到的信息与策略支付之间的联结的调整。一个形象的比喻是“一朝被蛇咬，十年怕井绳”，当个体已经建立了“蛇—咬—痛苦”之间的联结时，当看到类似于蛇的井绳时，依其已经具备的知识联结也产生了“痛苦”的感觉，才会害怕，那么如何才能改变这种知识状态呢？本书将要解释在一个群体内，面对决策场景——制度的转型，个体间通过学习等机制更新参与者的决策知识。本书的研究允许博弈参与者之间存在知识积累、个人经历上的差异，一部分个体作为富有经验的老练学习者，其他个体则遵循已有学习模型假定的学习规则调整信念和决策规则，当这两类个体在同一群体内展开策略互动时，其知识演化、均衡选择和收敛达成过程是本书考察的重点。

3.2.2 个体知识异质性

在引入知识异质性假设之前，为呼应第2章的文献综述有必要明确两点：一是在决策模型中知识的表征及其与信息的区别，二是已有模型对参与者使用知识的处理及本书的拓展。

（1）决策模型中知识的表征及其与信息的区别

当理论与现实不一致时，理性选择模型最先动摇的是完全信息假设：信息不完全导致市场失灵（如著名的柠檬市场原理）。于是，信息经济学大行其道。追究信息问题，可以得出两个方面的原因：一是信息经济学强调的当事人信息不完全，二是缺乏解读信息的主观知识。也只有这样，理论研究才能更多地关照经济行为的主观特征。知识是个体利用数据和信息，经由自身经验或已有知识，所建构出来的因果关系[23]。其中，因果关系经由一套主观概率分布来代表，即个体反复遇到信号而形成的思维逻辑，因此，知识同样具有主观性。笔者在行文中，将知识界定为个体对一个信号（行动）和另一个信号（策略支付）的联结。

（2）模型对参与者知识异质性的处理

由于个体的异质性和知识分布的差异性，表现出个体间行为能力的差异。如何表征参与者使用的知识及其异质性，成为建模的关键难点。

已有文献中，在模型中表征参与者知识更新的形式，主要是用主观概率（信念）的逐轮更新，更新规则（亦即学习规则）各异，从经典的也是备受批评的贝叶斯更新到强化、信念和 EWA 及认知层级（CH）理论，本书的模型主要基于后几种规则的应用。

在博弈实验中，考察参与者“是否采用了关于对手支付的知识”相对较为便利，主要是在屏幕上显示一个标有“对手支付”的窗口（box），被试可以选择打开或者不打开，如果被试点击，则表示他在该轮决策中使用了关于对手支付的知识。还有一类是对照组实验，即一组被试同时知道自己和对手的支付，而另一组被试只知道自己的支付，以此对照比较两组的决策和均衡收敛情况。

上述几种知识及其更新标度方式将体现在本书的模型解释和控制实验的设计程序中，并有一定拓展，用于解释本书的问题并检验若干理论假设。

3.3 整合的学习模型及其解读

在已有博弈学习理论基础上，针对开篇提出的现实和理论问题，笔者在这里尝试综合现有模型，主要包括适应性学习、老练学习和信念形成三类，旨在阐释知识异质性个体基于信息反馈和知识更新的动态调整，包含了一般学习模型考察个体如何从过去的行为进行学习，如何通过对环境结构，以及他人行为的理解来学习，突出其决策知识的更新与信念调整。在仔细区别适应学习和老练学习后，笔者尝试构建关于异质性个体间的策略互动过程的一个研究设想。

3.3.1 适应性学习：强化学习模型、信念学习模型和经历加权吸引模型

大部分的学习模型都假定参与者是适应性的，是本书采用的适应理性假定的一种情况，即“只对自己先前经历做出响应而忽略对

手的支付且其行为对自己与其他参与者之间的匹配方式并不敏感”。根据个体决策时所使用的知识和信息，适应性学习可以分为四种情况：演化博弈中，基于群体动力学的调整模型，如复制者动态和最优响应动态；个体只利用关于对手历史行动的知识形成决策信念，根据期望支付作出选择，如信念模型；根据自身历史的成功策略支付作出选择的强化模型；尝试结合上述的信念和强化模型的经历加权吸引模型。强化学习和信念学习模型在第 2.3.2 小节已经做了详细分析，这里主要剖析经历加权吸引模型，并与强化学习和信念学习进行对比。

3.3.1.1 Roth-Erev 强化学习模型[119,124]

假设参与者可选策略集合为 $A(a_1, \cdots, a_k)$，则在重复博弈的第 t 轮和第 $t-1$ 轮，对于策略 a_i 的两轮强化强度的更新如式（3－1）：

$$q^t(a_i)=\begin{cases}q^{t-1}(a_i)+\pi(a_i, a_{-i}) & \text{在 } t \text{ 轮选 } a_i\text{，得支付 } \pi(a_i, a_{-i}) \\ q^{t-1}(a_i) & \text{在 } t \text{ 轮未选 } a_i\end{cases} \tag{3-1}$$

每一个策略的初始强化强度外生，则在 $t+1$ 轮选择策略 a_i 的概率为式（3－2）。参与者根据式（3－2）选择具有最大概率的行动。该模型不要求参与人知道博弈支付及对手信息，只需知道自己在过去各轮支付。

$$p^{t+1}(a_i)=\frac{q^t(a_i)}{\sum_{i=1}^{k} q^t(a_i)} \tag{3-2}$$

变量说明：

策略 a_i　参与者的可选行动集合

轮数 t 博弈进行轮数

支付 π 根据支付矩阵，与参与者所选行动对应的赢利

参与者在 t 轮博弈选行动 a_i 的强化强度 $q^t(a_i)$：根据式（3-1），参与者在 t 轮选择 a_i 的强化强度，是策略 a_i 在 $t-1$ 轮的强化强度加上在该轮因选择 a_i 对应所得的支付。在本书计算中给定初始值 $q^0(a_i)=0$。

参与者在 $t+1$ 轮选择行动 a_i 的概率 $p^{t+1}(a_i)$：根据式（3-2），即过去 t 轮选择行动 a_i 的强化强度之和占所有行动的累积强化强度之和的比值。

3.3.1.2 信念学习模型（虚拟博弈）[102]

首先假设参与者能够记住对手以前的所有行动，即对于每一期对手过去的行动赋予了相等权重。其他参与者的行动集为 $A(a_1, \cdots, a_k)$，在上下两轮间，参与者关于对手选择行动 a_i 的信念权重更新如式（3-3）：

$$b^t(a_i)=\begin{cases} b^{t-1}(a_i)+1 & \text{在 } t \text{ 轮对手 } n \text{ 选择 } a_i\text{，信念权重相应增加 } 1 \\ b^{t-1}(a_i) & \text{在 } t \text{ 轮对手 } n \text{ 未选 } a_i\text{，信念权重不变} \end{cases} \tag{3-3}$$

则在 t 轮，参与者关于对手选择行动 a_i 的概率判断与信念权重之间的关系如式（3-4）：

$$u^t(a_i)=\frac{b^t(a_i)}{\sum_{i=1}^{k} b^t(a_i)} \tag{3-4}$$

给定关于其他参与者选择各行动概率的信念，参与者可以得到自己每一个可选行动 a_i 的期望支付 $\pi(a_i/\mu^t)$，则该参与者在 $t+1$ 轮选择

a_i 的概率如式（3-5）：

$$p_{a_i}^{t+1} = \frac{\exp(\pi(a_i/\mu^t))}{\sum_{a_i \in A} \exp(\pi(a_i/\mu^t))} \quad (3-5)$$

于是，该参与者选择具有最大概率值的行动作为自己的最优响应。

变量说明：

策略 a_i　参与者的可选行动集

轮数 t　博弈进行轮数

第 t 轮参与者关于对手选择 a_i 的信念权重 $b_m^t(a_i)$，其中 m 表示参与者自己，n 表示对手：据式（3-3），若在该轮选择行动 a_i，则信念权重就加 1，可视为对手 n 选择该行动的累积次数。在本书计算中给定其初始值为 0。

第 t 轮参与者形成的关于对手选择行动 a_i 的概率判断 $\mu^t(a_i)$ 为：据式（3-4），为关于对手选择 a_i 的信念权重与关于对手所有可选行动的信念权重之和的比值，即 t 轮中选择 a_i 的次数除以所有可选行动的累积选择次数之和。

第 t 轮参与者选择 a_i 的期望支付 $\pi(a_i/\mu^t)$：在有了对手选择各行动的概率判断之后，根据支付矩阵，就可得到参与者自己选择 a_i 的期望支付。即在 t 轮中，对手选择每个行动的概率分别与对应的参与者自己选择 a_i 将得到的支付相乘，再对其乘积求和。

参与者在 $t+1$ 轮选择 a_i 的概率 $p_{a_i}^{t+1}$ 为：行动 a_i 的支付期望值与所有行动的期望支付之和的比值。

3.3.1.3　经历加权吸引模型

在经历加权吸引模型[130]中，Camerer 和 Ho 将强化学习和信念学习这两种学习过程描述为特定选择的模型参数的极端情况。该模型可根据由经历更新过程决定的两个方程描述：在 n 人参与的标准型博弈中，参与者记为 $i(i=1,\ \cdots,\ n)$。参与者 i 的策略空间为 S_i，由 m_i 个离散的选择组成，记为 $S_i=\{s_i^1,\ \cdots,\ s_i^{m_i}\}$。$S=S_1\times\cdots\times S_n$ 为每个个体策略空间的笛卡儿积，即该博弈的策略空间。$s\in S_i$ 表示参与者 i 的一个策略，也就是 S_i 的一个元素。$s=(s_1,\ \cdots,\ s_n)\in S$ 是一个策略组合，由 n 个策略组成，每一个代表一个参与者可选策略。$s_{-i}=(s_1,\ \cdots,\ s_{i-1},\ s_{i+1},\ \cdots,\ s_n)$ 表示除了参与者 i 以外的所有个体的策略组合。参与者 i 支付函数的标量值记为 $\pi_i(s_i,\ s_{-i})$。参与者 i 在第 t 轮博弈中实际选择的策略记为 $s_i(t)$，其他参与者所选策略（向量）记为 $s_{-i}(t)$。参与者 i 在第 t 轮的支付为 $\pi_i(s_i(t),\ s_{-i}(t))$。

$N(t)$ 为经历加权（experience weighted），表示过去经历的“等价观测”，这里的经历既包括参与者自己选中的策略，又包括了参与者自己没有选中的策略。式（3－6）为经历加权公式，表示相邻两轮经历权重之间的更新。具体为：t 期的经历权重＝［所记住的（$t-1$）期的经历权重＋1］，这里的 1 表示对于 t 期的经历所赋予的权重为 1。$A_i^j(t)$ 表示 t 期后参与者 i 对于策略 j 的吸引（可以等价理解为支付）。初始权重 $N(0)$ 和初始吸引 $A_i^j(0)$，假设为是外生给定的，来自于对类似博弈的反省和学习而产生的博弈前的思考。$N(0)$ 可以看做是 $A_i^j(0)$ 的强度，如果 $N(0)$ 比较小，那么初始吸引的效应（强度）很快会被经历所替代，反之，则初始吸引的效应将会保持。

$$N(t)=\rho\cdot N(t-1)+1 \tag{3-6}$$

$$A_i^j(t)=\frac{\varphi\cdot N(t-1)\cdot A_i^j(t-1)+[\delta+(1-\delta)\cdot I(s_i^j,\ s_i(t))]\cdot\pi_i(s_i^j,\ s_{-i}(t))}{N(t)} \tag{3-7}$$

模型中，参数 ρ 表示经历权重的贴现率，φ 表示吸引的贴现率，

δ 表示没被选中的策略支付的权重，如果 δ 大于 0，那么经验的收集将扩大至没有选中的行动中，即认为个体可以通过观察没有被选中的恰当行动的事件而进行学习。特别的，$\delta=0$ 表示强化学习，$\delta=1$ 表示信念学习。

$s_i(t)$ 表示参与者 i 在 t 期实际选择的策略；$s_{-i}(t)$ 表示除 i 以外的参与者在 t 期实际选择的策略矢量矩阵，则 $\pi_i(s_i^j,\ s_{-i}(t))$ 表示在 t 期，其他参与者选择策略集合 $s_{-i}(t)$ 时，参与者 i 选择策略 j 的实际支付。$I(s_i^j,\ s_i(t))$ 为示性函数，则：

$$
\begin{aligned}
&[\delta+(1-\delta)I(s_i^j,\ s_i(t))]\pi_i(s_i^j,\ s_{-i}(t)) \\
&=\begin{cases}\delta\pi_i(s_i^j,s_{-i}(t)) & \text{参与人 } i \text{ 在 } t \text{ 期不选择策略 } j \text{ 的当期支付}\\ \pi_i(s_i^j,s_{-i}(t)) & \text{参与人 } i \text{ 在 } t \text{ 期选择策略 } j \text{ 的当期支付}\end{cases}
\end{aligned}
\tag{3-8}
$$

式（3-7）为吸引公式，整体上可以理解为一个强化学习，即参与者 i 第 $t-1$ 期对贴现并赋予了经历权重的策略 j 的吸引，加上第 t 期的期望支付（包括选中的策略和没有选中的策略），再由更新的经历权重进行标准化，得到参与者 i 第 t 期对策略 j 的吸引。

关于经历加权吸引模型和强化学习模型、信念学习模型之间的区别和联系，可以参见图 3.3、图 3.4 和图 3.5。这些模型的不同，一是观测经历来源的不同：强化学习模型观测的经历来自于参与者自身过去的经历，信念学习来自于其他参与人过去的经历，而经历加权吸引模型中的经历观测是两者的结合。二是两轮之间学习调整的规则不同：强化学习模型采取强化强度的调整，信念学习模型是信念调整和响应的过程，经历加权吸引模型结合了这两种调整规则。

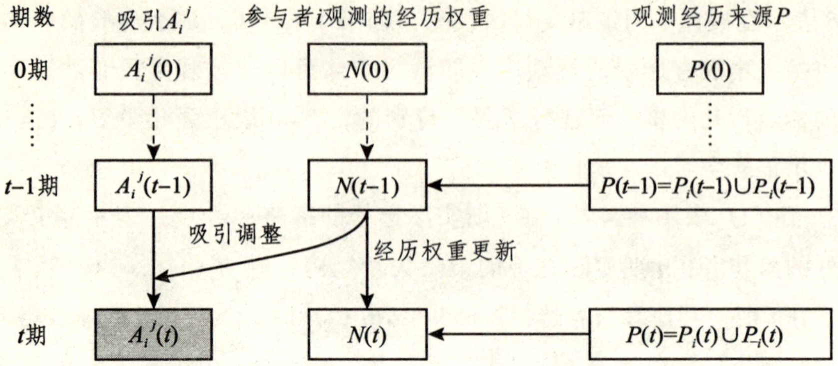

图 3.3　经历加权吸引模型

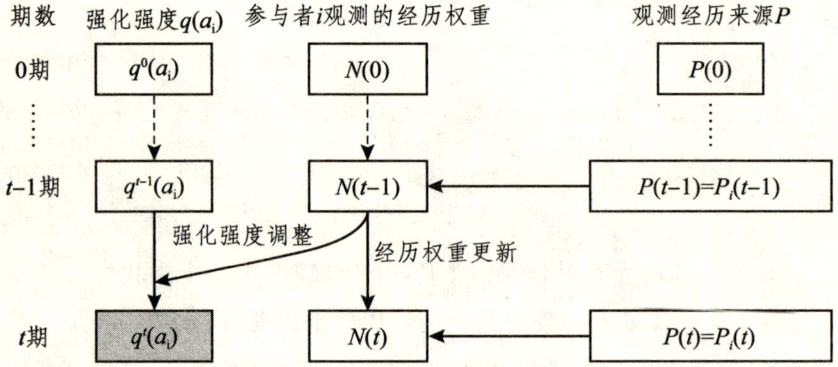

图 3.4　强化学习模型

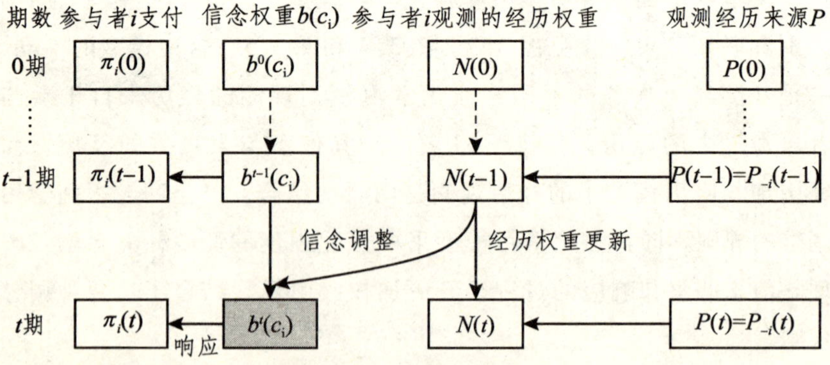

图 3.5　信念学习模型

现在可以从经历加权吸引模型中参数和变量 $N(0)$、ρ、δ 和 ϕ 的不同取值来说明：

（1）当 $N(0)=1$，$\rho=\delta=0$ 时，那么模型就简化为最初的 Roth-Erev 累积强化学习模型。此时，$N(t)=N(0)=1$，对于每一期的经历都赋予了相等的、值为 1 的权重；于是有 $A_i^j(t)=\varphi\cdot A_i^j(t-1)+I(s_i^j,\ s_i(t))\cdot\pi_i(s_i^j,\ s_{-i}(t))$，当期的参与者 i 对策略 j 的吸引为"上一期所记住的自己对策略 j 的吸引"与"当期自己实际获得的支付"之和。

（2）当 $\delta=1$，$\rho=\varphi$ 时，经历加权吸引模型等价于信念学习模型，可以简化为加权虚构博弈，即式（3－6）和 $A_i^j(t)=\dfrac{\rho\cdot N(t-1)\cdot A_i^j(t-1)+\pi_i(s_i^j,\ s_{-i}(t))}{\rho\cdot N(t-1)+1}$。由于信念学习中信念的更新基于过去的观测，而过去观测对预期支付的影响，可直接通过对过去支付的模仿而得到。[①] 更进一步的：

当 $\delta=1$，$\rho=\varphi$ 并且 $\varphi=0$ 时，模型等价于 Cournot 最优响应动态。此时，$N(t)=1$，$A_i^j(t)=\pi_i(s_i^j,\ S_{-i}(t))$，参与者只对于上一期发生的事情做出最优响应。[②]

当 $\delta=1$，$\rho=\varphi$ 并且 $\varphi=1$ 时，模型等价于虚拟博弈模型。$N(t)=N(t-1)+1$，$A_i^j(t)=\dfrac{N(t-1)\cdot A_i^j(t-1)+\pi_i(s_i^j,\ s_{-i}(t))}{N(t-1)+1}$，此时参

---

① 也就是说，$B^k_{-i}(t)$、$N^k_{-i}(t)$ 分别为参与者 i 形成的关于其他参与者会在 t 期选择策略 k 的信念和经历权重。$B^k_{-i}(t)=\dfrac{\rho\cdot N^k_{-i}(t-1)+I(s^k_{-i},\ s_{-i}(t))}{\sum_{h=1}^{m-i}[\rho\cdot N^h_{-i}(t-1)+I(s^h_{-i},\ s_{-i}(t))]}=\dfrac{\rho\cdot B^k_{-i}(t-1)+I(s^k_{-i},\ s_{-i}(t))/N(t-1)}{\rho+1/N(t-1)}=\dfrac{\rho\cdot N(t-1)\cdot B^k_{-i}(t-1)+I(s^k_{-i},\ s_{-i}(t))}{\rho\cdot N(t-1)+1}$，从而参与人 i 在 t 期的预期支付为 $E_i^j(t)=\sum_{h=0}^{m-i}\pi_i(s_i^j,\ s^k_{-i})\cdot B^k_{-i}(t)=\dfrac{\rho\cdot N(t-1)\cdot E_i^j(t-1)+\pi_i(s_i^j,\ s_{-i}(t))}{\rho\cdot N(t-1)+1}$。

② 这可以在 $A_i^j(t)$ 的表达式中明显看到，已经不存在过去的观测了。

与者对其对手所要采取策略的信念为其过去所选策略的算术平均，因为参与者记住了以前所有各期的支付，并且赋予了其相等的权重。

最后，参与者 i 选择策略 j 的概率由其吸引水平决定，如式(3-9)：①

$$P_i^j(t+1) = \frac{e^{\lambda \cdot A_i^j(t)}}{\sum_{k=1}^{m_i} e^{\lambda \cdot A_i^k(t)}} \tag{3-9}$$

其中，参数 λ 表示参与者对于不同策略吸引的敏感，当参与者对所有的策略吸引具有相同的敏感性时，$\lambda=0$；随着参与者对不同的策略吸引之间的敏感性差异增加时，λ 的值逐渐增加，表示参与者对于策略 j 吸引越来越敏感。m_i 表示参与者 i 可能采取的策略数量。

模型参数 ρ 和 φ 决定了吸引的极限值，如果 $\varphi>\rho$，则吸引就不再局限于支付，而是可以任意的增加了。② 值得注意的是，在参数取值上，绝大多数取决于实验结果。一般的，利用实验得到的数据，采用极大似然估计的方法得到这些参数的拟合值[130]：$\delta \approx 0.5$，$\varphi \in (0.8, 1)$，$\rho \in (0, \varphi)$。③

---

① 采用指数函数的形式，可以用于处理负的吸引。

② 由于在式（3-6）中，稳定状态的经历权重 $N^* = 1/(1-\rho)$，从而可以代入公式（3-7）得到稳定的经历权重和稳定状态的平均支付之间的关系：$A_i^{j*} = \frac{1-\rho}{1-\varphi}\pi_i^*$，因此当 $\varphi>\rho$ 时，$A_i^{j*} > \pi_i^*$。

③ 根据文献［148］的综述，许多实验经济学家对两类学习模型预测实验对象行为的准确程度进行了大量的研究。文献［149］利用实验数据比较了两类模型的优劣，他们的数据来自于分钱博弈，结果得出强化模型能够更好预测实验对象的行为；文献［150］通过一些更复杂的实验进一步研究实验对象的行为也得出了类似的结论；文献［119］和文献［124］利用一个仅有单一混合策略均衡的博弈来分析实验对象的累积行为，发现强化模型比信念模型的预测更准确，较好的信念模型是那些类似于强化模型的模型；文献［130］考察了既包括强化模型又包括信念模型的更一般的模型，即经历加权吸引模型，通过极大似然法估计模型的参数，认为这种混合模型比单纯的学习模型与单纯的信念更好地描述对象的行为。

综上，在强化学习中，策略具有数字表示的吸引水平，即当一个策略被选择且得到了一个好的结果时，该策略被强化。强化学习是动物学习的一个较好的模型，但不能完美地表征人们并不具有直接强化物的策略选择这一事实。在虚拟博弈中，参与者基于其他个体过去行为的加权平均值，形成信念，并在该给定的信念下作出最佳反应。基于过去观测形成信念并且计算预期支付的过程等价于对每一个策略（选中或者未选中）进行强化的过程。这一数学事实意味着，基于两类突出的学习模型——强化和信念学习（虚拟博弈），存在一个更一般化的模型——经历加权吸引模型。

这一类模型被 Ehrblatt、Hyndman、Ozbay 和 Schotter 称之为 BLM&M（Backward-Looking，Myopic and Mechanistic）学习模型，即假定参与者在重复博弈中的行为都是回顾过去、短视和机械的，其信念基于对手行动的历史数据。概括适应性学习模型存在的局限如下：第一，适应性参与者不会琢磨对手如何调整决策的学习过程，且即使具备了关于对手支付的知识也不会用于预测对手将要做出的选择；第二，适应性模型无法解释匹配方式对于均衡收敛的作用机制。

3.3.2 老练学习：认知层级理论

人们在现实世界或实验室中的行为都表明，并非都是只会“回顾过去、短视和机械的”适应性参与者，一些人能做到把自己的身份在自身和对方之间做有限的变换，即设身处地的换位思考，捉摸对手如何调整决策的学习过程。但是，他们显然无法像身处局外的研究者一样站在客观立场，重复考虑双方参与人的策略选择过程。Nagel 通过“选美博弈”（p-Beauty Contest）实验证明[151]，参与人重复变换身份的反复思考次数介于一步与两步之间。

Camerer 等人通过一系列的实验研究，提出了只含有一个参数的认知层级理论[131]，反映个体间这种不同理性程度的策略思维。模型指出，人们所能进行的反复思考次数是有限并且因人而异的。能做

w 步反复思考的参与者会认为其他所有的参与者反复思考的次数都少于 w，而 0 步反复思考的参与者则在所有可选策略中以等概率进行随机选择。实验数据表明参与者进行的反复思考次数是服从泊松分布。如式（3－10）：

$$p(w) = \frac{e^{\tau}\tau^{w}}{w!} \tag{3-10}$$

其中，τ 就是所有参与者反复思考次数的均值。Camerer 等人的实验估计得到这个均值在 1 与 2 之间。

例如，在一个两人博弈中，可以假设一个参与者甲具有两步的反复思考，而参与者乙则具有一步的反复思考。从而可以考察这一策略互动的学习过程，乙的决策过程是：首先认定对方（那个实际上比他聪明一步的人）是一个只具有 0 步反复思考的参与人，即认为对方是等概率的随机决策；在这一信念下，乙做出最优响应。其实，参与者甲已经预见到了乙的策略思考过程，根据自己形成的信念做出最佳响应。

3.3.3 带有老练学习和策略指导的信念形成模型

为了克服常用的适应性学习模型中个体只会“向后看”（backward-looking）的局限，本书假设存在一部分个体会“向前看”（forward-looking），并且在当期决策过程中会将对手支付纳入考虑，而不只考虑自身的支付状况。另一部分个体作为一般的适应性学习者，只针对当期对手行动做出最优响应，并在此类个体学习模型中引入参数，表征在个体的知识发生变化（更新）中，以往的策略、行动和支付历史所占权重越低，则越容易根据当前场景做出快速调整。

在认知层级理论模型基础上，本书采用 Ehrblatt、Hyndman、Ozbay 和 Schotter 新近构建的信念学习模型（简称为 **EHOS** 模型），能较好体现老练学习。

该模型[27]假设如下几种情形：

• 参与者 i 认为参与者 j 是一个“Level 1”参与者　参与者 i 认为 j 只会往前推算一步，即针对参与者 i 最近一轮博弈选择的行动做出最优响应——给定对方采取的行动选择对自己最有利的行动（如 Cournot 模型）。在此假设下，参与者 i 形成信念的过程中，需要知道参与者 j 选择的行动及其相应的支付。

• 参与者 i 认为参与者 j 是一个“Level 2”参与者　参与者 i 认为 j 会往前推算两步，即针对参与者 i 的行动做出最优响应，而该参与者 i 的行动又是针对参与者 j 最近一轮所选行动做出的最优响应。

• 参与者 i 认为参与者 j 是一个“Level 0”参与者　参与者 i 假设对手 j 毫无换位思考能力，只就当前一轮博弈随机选择自己的行动，即等概率选择每一行动。

显然在前两种情形中，形成信念必须知道双方参与者的支付。考虑到这些，便有如下的信念形成模型：

$$B_i^k(t+1)=\alpha\Gamma_i^k(t+1)+(1-\alpha)\Lambda_i^k(t+1) \qquad (3-11)$$

式（3－11）中，参与者 i 关于 j 在 $t+1$ 轮采用策略 k 的信念是两个部分的加权平均。第一部分，$\Gamma_i^k(t+1)$ 是参与者的 Cheung-Friedman 的 γ-加权信念，如式（3－12），是一种仅基于对手的博弈历史行动的信念。α 就是赋予对手 j 的博弈历史行动的权重。Cheung-Friedman 的 γ-加权信念，假设人们基于博弈历史形成信念。也就是说，参与者 i 关于 j 会在 $t+1$ 轮选择策略 k 的信念有下式给定：

$$\Gamma_i^k(t+1)=\frac{1_t(a_k^j)+\sum_{u=1}^{t-1}\gamma^u 1_{t-u}(a_k^j)}{1+\sum_{u=1}^{t-1}\gamma^u} \qquad (3-12)$$

其中，$l_t(a_k^j)$ 为示性函数：当 j 在 t 轮选择行动 k 时取值为 1 否则为 0。这是一个历史信念函数，赋予参与者对手过去行动的权重在几何学上递减。例如，当 $\gamma=1$ 时，信念过程虚拟博弈的情况，关于某特定策略的信念就是该策略在历史上被选择的频数。这种虚拟博弈信念对于先前博弈的行动做出响应要比 $\gamma=0$ 的情况更迟缓。$\gamma=0$ 的情况是指所有权重都赋予最近一期行动（Cournot 动态信念）。显然，γ 越接近 1，信念就越少对近期所选行动做出反应，参与者也就更迟缓。

式（3－11）中第二部分，是为了刻画参与者 i 的信念形成过程中向前看或者说老练学习的前瞻性特征。进一步地，如果以行动策略空间只有三种行动（即在每一轮参与者有三种可供选择的行动）为例，$\Lambda_i^k(t+1)$ 可以定义成式（3－13）：

$$\Lambda_i^k(t+1)=\Pr[L_0]\left[\frac{1}{3}\right]+\Pr[L_1][l_t(BR(L_1(t))=k)]+\Pr[L_2][l_t(BR(L_2(t))=k)] \tag{3-13}$$

参与者 i 认为他的对手会采用 k 策略的概率取决于他对对手老练水平的假设。$l_t(BR(L_m(t))=k)$ 是一个示性函数，当策略 k 是一个 Level $m(m=1,2)$ 对手在 t 轮对他行动做出的最优响应时，取值为 1，否则为 0。如果对手是一个“Level 0”参与者，假设概率为 $\Pr[L_0]$，那么他随机以 1/3 概率选择每一个策略。如果对手是一个“Level 1”参与者，假设概率为 $\Pr[L_1]$，如果 k 是一个“Level 1”参与者对于对手最近一轮行动的最优响应，他就选择 k。最后，如果参与者是一个“Level 2”参与者，而 k 是对于最近一轮的最优响应，他可以选择 k。综上所述，选择 k 的概率是上述可能的一个期望值，即 $\Lambda_i^k(t+1)$。这一模型是 α 和 γ 两个参数刻画的信念形成模型。

3.4 两类参与者间的策略指导：设想与待检验的假设

综合行为博弈研究中较为成熟的适应性学习、老练学习及策略指导下的信念形成模型，为研究老练学习者和适应性学习者之间策略指导行为的存在性提供了一个平台。显然，本书工作的重点不是在理论模型的构建或者拓展上，而是运用现有个体学习模型，从决策知识更新和两类个体的策略互动的角度阐明关于共享资源治理转型与知识异质性个体间互动的若干理论和现实问题。这一节的主要内容是，基于本书的理论框架和模型，从理论上论证：老练学习者和适应性学习者之间策略指导行为存在的可能性；策略指导行为对于知识习得、均衡收敛及选择的作用机制。

3.4.1 老练学习和策略指导存在的可能性

个体博弈互动中的策略指导，最早由 Huyck 等人在《默会协调博弈、策略不确定性和协调失败》一文的实验中发现[152]。该文中选择两人最小努力的协调博弈实验（也称最小数弱链博弈）①：数个由 14 到 16 名学生构成的实验组，在每次实验中参与 10 轮博弈，一共 7 次实验，在每轮博弈结束后，公布每组被试选择中的最小数字，然后再进行下一轮博弈。实验进行两种不同设置：在 C_d 中，被试在每一轮博弈都重新匹配（从 14 到 16 个被试中随机选择）；而在 C_f 中，第 1 轮博弈开始前随机匹配之后，每一轮博弈的对手都固定不变。结果截然不同：在 C_d 处理中，被试所选努力大多付诸东流，几乎都

---

① 在该博弈中，被试重复地在 7 个分别表示不同努力程度的数字中进行选择，他们的支付由自己所选努力程度和对手所选最小努力程度决定。博弈有 7 个对称的帕累托排序的纯策略均衡，其中所有参与者都偏好两个人都选择最高努力程度的均衡。被试在每轮博弈之后，被告知对手的最小努力，但不知道其他被试所选的努力程度。

处于低效率水平上，且不随时间收敛。相反在 C_f 中，14 对被试中有 12 对在 7 轮博弈中的最小努力程度都增长到完全有效水平，哪怕其初始水平很低。C_f 中的被试显然注意到他们可以影响对手的未来努力程度，且会利用这一特点影响对手行为，但 C_d 中的被试显然对这种影响视而不见。那么，问题是：C_f 中的被试在注意到自己可以影响对手的未来努力程度后，所采取的行动是什么，为什么在 C_d 中没有产生此类行为？

Crawford[153] 坦言，首先按照传统博弈论的均衡角度无法回答这一问题："虽然可以容易地构建重复博弈均衡，假设 C_f 中的参与者具有有效协调能力（或从一开始就具备），而 C_d 中的参与者不具备这一能力；但是由于重复博弈均衡与一对参与者最小努力程度（所选最小数字的值）的任何形式都是一致的，该结论很容易就被否定——重复博弈均衡模型能够得到与实验发现一致的结果，但不能说这样就解释了这一实验结果。"

其次适应性学习也很难解释：C_d 和 C_f 两种环境设置的唯一差别就是 C_f 中的参与者知道对手的努力程度，且该对手将一直与之匹配进行博弈；而 C_d 中的参与者知道在一轮之后再也不会跟他打交道的对手的努力程度。这可能会影响均衡收敛速度，但仍无法解释实验发现的如此大的差异。

由此，研究者们定义了区别上述不成熟解释的"老练学习和策略指导行为"，用于揭示上述这类行为的内在机制，近 20 年来的行为博弈研究中已经有文献证明老练学习和策略指导行为的存在性。

综合现有不多的相关文献，我们可以这样界定策略指导行为：在率先理解博弈均衡的基础上，一个参与者通过重复选择自身的纳什行动达到纳什均衡，而不管对于他的信念（关于对手行动的主观概率判断）该行动是否是一个最优响应，那么称该参与者为一个指导者。

在本书考察的共享资源转型问题中，如第 1 章所指出的微观角度考察，当同一小区共享资源群体，治理制度转型对其成员所带来的变化是，部分个体面临认知冲突且在短时间无法协调习得相应的自主决策知识——依赖政府供给（而事实上政府财政已经退出这一部分公共服务领域），而另一部分个体已经完成了认知调整、具备相应的自主决策知识——独立决策、承担共享资源治理产生的权益、成本和责任。进一步的问题是，这两类个体如何协调、互动，完成关于共同的住宅小区共享资源的治理转型——从计划时代的依赖科层制的政府行政权力到市场体制下的自主决策，以走出这一“前囚徒困境”？

由此，本书假设上述两类个体之间存在行为博弈研究中已经发现但尚未深入探究的老练学习和策略指导行为，且对双方的知识状态改进起着关键的促进作用。

3.4.2 策略指导的作用机制

这一节主要考察策略指导的内在机制及其对个体决策知识更新的促进作用。由于现有文献对该领域的研究十分有限，这里的讨论集中于在重复博弈情况中如下四个方面的理论设想，为第 4 章的实验研究提供理论支撑：

（1）决策知识影响个体信念和决策规则形成、调整的作用机制。

本书研究始于存在认知冲突的决策知识更新问题，因此考察不同知识状态对单个个体信念和决策规则调整、多个个体间策略互动的影响是本书的一个重点。

现有学习模型较少关注博弈参与者的知识状态。Arrow 提出的知识理性假设，认为个体最大限度地利用可获得的知识以形成主观概率判断（信念）。就个体自身信念更新方式而言，更新规则不一而足，尚未揭示在何种场景下个体会通过何种方式形成、调整信念并做出决策——什么时候采取目的追寻的行为，什么时候采取规则遵循的行为？基于以上的“决策者获得关于其他个体特征的知识”，这一过程就更显得重要而又难于纳入理论模型考察。

本书尝试的拓展包括在对现有学习模型分析的基础上，做两种维度的比较：通过实验室控制实验获得数据，哪一个学习模型拟合（迭代或估计）效果更优？分别在两种知识状态下，同一个学习模型的拟合效果是否也存在差别——即知识异质性状态下会产生不同的学习调整规则？能否用老练学习和适应性学习来区分，并在理论模型上做出调整，更贴近个体真实决策过程？最后，可以用于探究个体和个体间知识增长和演化的大体过程，以此给出个体间互动协调的可能状态。

（2）个体经历促使从适应性学习到老练学习的决策规则演化。

这里涉及信念和决策规则演化问题，即采取策略指导行为的指导者在遵循老练学习之前，是否也有一个适应性学习过程？主要可以分两种情况探讨：

- 一种状态是所有个体都有一个逐渐适应的过程（存在认知不协调），即进入博弈策略互动过程后，一部分个体较快摸透所在博弈的支付结构，掌握相关决策知识，逐渐改变原先适应性的行为模式，并采取进行策略指导的老练学习，同时一部分个体仍遵循适应性学习，从而两者互动过程中可能产生策略指导行为。
- 另一种是，在进入博弈前，两类个体由其知识异质性导致学习行为模式迥异。个体进入博弈策略互动过程后，一部分个体直接老练学习，另一部分个体遵循适应性学习，从而两者互动过程中可能产生策略指导行为。

（3）个体匹配方式对策略指导和均衡选择的作用机制。

如果参与者采取老练学习的决策规则，在重复博弈中参与者之间的匹配方式将会影响行动选择和均衡收敛。在随机匹配的重复博弈中，每轮博弈对手都是随机匹配，指导者无法采取策略指导，因为无法重复与同一对手展开策略互动以致指导对方认识到博弈均衡策略，从而达到均衡状态——我们把这一匹配方式称为“陌生人”环境结构。重复博弈中的固定匹配为指导者实施策略指导提供了机会，而且会鼓励参与者实施重复的博弈策略指导行为，因为在这样的“熟人”环境结构中，使得指导者稳定预期从而产生重复策略指导的耐心（当然在下一章的实验结果中可以发现这样的耐心也是有一定限度的，而且成功的指导并不只依赖于匹配方式这一要素）。

这样，也就将重复博弈和简单重复的阶段博弈按照是否发生策略指导这一标准作了区分。

(4) 策略指导是一项深谋远虑的投资吗?

如果从实验数据上看，存在较为普遍的老练学习和策略指导行为，老练学习者的策略指导动机是远期收益最大化，一个参与者通过偏离短期支付最大化的策略以影响对手未来决策，获得长远利益。也就是说，采取策略指导是否需要付出比一般参与者更多的成本(我们认为一般参与者在其信念和决策规则调整过程中也无法回避必须的试错成本)? 指导者是为了更多地获得博弈支付，还是怀抱着改善社会福利的美好愿望，去实施指导行为?

3.5 小结

信念形成和知识习得模型的解释目的在于，从方法论个人主义和主观主义认识论出发，给出与传统理性选择理论不同、更贴近个体真实决策行为过程的解释。结合行为博弈和学习理论，在参与者与参与者之间、与社会制度之间的互动中，相关研究从两方面展开，包括个体的学习与知识增长、社会制度（主观认知均衡）的达成与选择。

上述理论问题在现阶段中国社会制度转型中，集中体现：人们对于市场体制中个体决策规则的知识掌握程度差异较大，如何通过学习达到决策知识的增长，完成决策规则的调整。具体在博弈模型构建上，研究者如何尽可能纳入个体的主观行为特征，而又不失其抽象、简练和准确，是本书遇到的最大困难。

因此，本章论述的核心是在已有学习模型基础上，从知识习得这一过程统一考察个体就可获得的知识形成自身信念和获得关于其他个体的决策知识，提出现有学习模型较少关注博弈参与者的个体知识状态问题。

本章的重要性不在于提出新的学习调整规则或模型，而是在个体间的知识异质性和适应理性假设下，利用已有行为博弈模型，综合阐述了知识更新、个体适应性学习、老练学习和信念形成过程，并提出了可能存在的个体间策略互动中的策略指导——这一行为必须在赋予个体以“前瞻性”行为特征之下才会产生，这也是与以往只假设个体具有“后顾性”特征（回顾博弈历史行动以做出当期决策）的学习模型的最大区别，并从知识异质性角度探讨：同时兼具“前瞻”、“后顾”两大特征的参与者所采取的老练和指导策略对于均衡收敛和多重均衡选择的作用机制，为第 4 章的实验研究提供理论指导。

4　个体间互动过程中学习行为与策略指导的实验研究

基于由住宅小区共享资源治理转型引出的问题及本书尝试的解释思路和技术方案，第 3 章对目前关于博弈学习的理论和实验研究做了较为完整的回顾，并且从理论上给出了知识异质性个体间策略互动的形式化表述，尤其是老练参与者因其认知状态和知识优势而采取的指导策略对对手形成信念和博弈均衡收敛的促进作用，揭示了转型期个体知识演进的若干关键问题。

根据既定理论框架逻辑，本章借鉴实验经济学和行为经济学的研究方法——实验室控制实验，尝试在现有实验平台上设计博弈学习实验，检验理论模型中推演出的若干命题和假设，并试图回答转型期中国的一些现实问题，即共享资源治理转型中的个体学习和知识演化机制。具体地，在重复协调博弈中考察：

（1）个体信念和决策规则调整更符合哪一种学习模型：强化学习模型、信念学习模型（虚拟博弈模型）、γ-加权信念学习模型和经历加权吸引模型（EWA 模型），以及模型的拟合效果如何？

（2）知识异质性个体间的信念和决策规则调整是否也存在差异，依据这一异质性标准能否区别适应性学习和老练学习两类信念和决策规则调整方式？

（3）知识异质性个体间的策略指导行为的存在性及其条件、激励；在参与者之间的策略互动协调过程中博弈均衡选择和收敛的作用机制如何？与现有的知识同质性假设的研究成果有何不同的地方？

（4）尤其是在较少受到考察的三人 3×3×3 共享资源协调博弈中，能否产生策略指导行为？如果存在策略指导行为，其表现形式、博弈协调作用是否与两人 3×3 博弈有区别，区别是什么？如果不存在，相对于存在这一类行为的两人 3×3 博弈，在互动环境和条件等方面的不同又是什么？

4.1 研究动机和问题细化

根据第 3 章所做的理论模型阐释，在本章实验开始前，这一节将本书前面部分提炼出的理论细化表述为在实验研究中更具有可操作性的具体任务，交代清楚研究动机。

（1）两人 3×3、三人 3×3×3 博弈中老练学习和策略指导的存在性及其比较。

目前在两人 3×3 博弈实验[27]中，已经发现存在显著的策略指导行为——参与人在较快认识到所参与博弈的均衡行动后，不间断地选择自己的纳什行动，而不顾对于自己形成的信念来说该行动并非最优响应。且已证明此类行为促进博弈收敛。

这里要用实验数据检验的是：无论在两人 3×3 还是三人 3×3×3 博弈中，采取策略指导的参与者信念和决策规则调整方式是否符合老练学习——预期对手是如何学习的，将对手的信念和决策规则纳入自己的决策考虑。

与两人 3×3 博弈相比较，三人 3×3×3 博弈中是否仍然存在老练学习者采取策略指导，其稳定性如何？是否依然能够促进博弈均衡较快收敛——是否因为同一组参与者增加而使得策略指导对博弈均衡收敛的促进作用式微（被稀释）？

（2）个体信念和决策规则调整更符合哪一种学习模型，能否依此区分老练和适应性学习。

假设按照策略指导者和追随者划分，其信念和决策规则调整的区别是表现在符合强化学习模型、信念学习模型（虚拟博弈模型）、γ-加权信念学习模型和经历加权吸引模型（EWA模型）这诸多学习模型中的一类或几类，还是仅仅在一类模型中的变量、参数取值不同。

根据 Quadratic Scoring Rule（QSR，关于对手行动的预测和实际选择的一个函数关系）规则诱导得到的信念，与其他几种方式形成的主观信念相比较，从重复的每一轮博弈的信念、行动和支付结果等方面判断，哪一种更接近参与者的真实信念？

（3）考察参与者采取策略指导行为的动机（激励）。

针对参与者采取策略指导行为的动机（激励），本章提出两个待检验的假设：

H4-1 指导者采取策略指导行为，是为了自己能够获得较高的支付：在存在多重纯策略均衡的博弈中，采取指导策略促进收敛到实现自己较高支付的均衡状态；在具有唯一纯策略均衡的博弈中，采取策略指导者所得支付显著高于追随者的支付。

H4-2 指导者采取策略指导行为，是为了改善社会福利：在存在多重纯策略均衡的博弈中，采取指导策略促进收敛到具有帕累托效率（双方支付均有改善）的均衡状态；在具有唯一纯策略均衡的博弈中，采取策略指导有助于较快收敛到该均衡状态。

（4）考察知识异质性分布与信念和决策规则的形成、调整和策略指导的关系。

关于“策略—行动—支付”的决策知识如何进入参与者信念和决策规则的形成、调整过程，博弈学习理论中经典的适应性学习模型都假设个体只会“向后看”——只关注双方博弈行动历史和自己的支付状况。本书允许存在一部分个体“向前看”，且在当期决策过程中会将对手支付纳入考虑，这一假设的合理性有待实验数据检验。

在实验设置中，随机生成搭档参与博弈实验的被试的知识状态——部分被试具备自己和对手双方的决策知识，其他被试只掌握自身的决策知识，因此相对于后者，前者在决策上具有优势，本书称之为知识优势。由此引出要考察的问题是：具备知识优势的被试是否更倾向于采取策略指导行为，且其策略指导行为成功的可能性是否也会相应高于另一类参与者。

就是否具有决策知识优势而言，我们考察在重复博弈中信念和决策规则的形成、调整方式是否也有显著的区别，分别符合哪一种学习模型或者说差别体现在何处？

（5）考察参与者之间匹配方式对参与者信念和决策规则的影响。

随机匹配的“陌生人”设置和固定匹配的“熟人”设置对于均衡状态选择、策略指导行为发生各自的作用机制如何？两种实验设置中的个体信念和决策规则调整方式是否显著差异？这与声誉机制有何异同？

4.2 实验设计程序和过程

依照实验经济学文献的已有经验，对实验对象的选取，我们从南京理工大学的本科生、研究生群体中招募遴选无相关经历被试完成实验。他们机会成本较低，但是对于实验环境设置比较敏感。此外，筛选时还考虑到被试须没有接受过博弈训练或经历，最终共有87名学生参与设计的实验。这些实验分别于2007年12月19日、20日、21日和2008年1月8日在南京理工大学经济管理学院实验教学中心实验室进行，平均每组实验持续1—1.5小时。所有实验中被试的平均支付人民币13.45元，另外每人都得到人民币10.00元的参与报酬。

4.2.1 实验总体过程描述

为了回答本书提出的问题，给定如下学习环境结构：

- 实验中参与者的策略、行动选择和支付关系明确、相互间一一对应，每个参与者都在意自己的支付得失，集中体现为对支付矩阵的敏感。
- 每个参与者选择的策略空间是离散的。
- 参与者所进行的是有限次数重复博弈，而非阶段博弈。
- 在博弈实验的每一轮决策过程中，每个参与者都可以观察到：所有其他人的策略或行动历史和自己的历史支付。
- 所有参与者在参加实验之前都没有相关的博弈经验或理论知识。

依据实验目的和基本思路，组织了若干组不同实验，在表4.1中给出了实验细节。具体地，18名被试参与A组实验，包括实验1和实验3（记Exp1和Exp3），先后参与的都是博弈Ⅰ——三人3×3×3最小努力博弈，6组被试先参与Exp1的40轮固定匹配（熟人）的博弈Ⅰ，然后重新匹配，继续参与Exp3的40轮随机匹配（陌生人）的博弈Ⅰ。所有18名被试的知识状态都一致设定为同时具备自己和其他博弈参与方的决策知识（All Payoff Knowledge，记APK）。

21名被试参与B组实验，包括实验4和实验2（记Exp4和Exp2），先后参与的都是博弈Ⅰ——三人3×3×3最小努力博弈，7组被试先参与Exp4的40轮固定匹配（熟人）的博弈Ⅰ，然后重新匹配，继续参与Exp2的30轮固定匹配（熟人）的博弈Ⅰ。其中，参与Exp4的被试只知道自己的决策知识（Own Payoff Knowledge，记OPK），参与Exp2的被试的知识状态随机给定，在一个三人小组中，一部分被试具有双方的决策知识，一部分被试只知道自己的决策知识。

20名被试参与C组实验，包括实验6和实验8（记Exp6和

Exp8)，先后参与的都是博弈Ⅱ和博弈Ⅲ——两人 3×3 协调博弈，10 组被试先参与 Exp6 的 20 轮固定匹配（熟人）的博弈Ⅱ，然后重新匹配，继续参与 Exp8 的 20 轮固定匹配（熟人）的博弈Ⅲ。参与 C 组实验的被试的知识状态随机给定，在一个两人小组中，一名被试具有双方的决策知识，另一名被试只知道自己的决策知识。

18 名被试参与 D 组实验，包括实验 5 和实验 7（记 Exp5 和 Exp7)，先后参与的都是博弈Ⅱ和博弈Ⅲ——两人 3×3 协调博弈，10 组被试先参与 Exp5 的 20 轮固定匹配（熟人）的博弈Ⅱ，然后重新匹配，继续参与 Exp7 的 20 轮固定匹配（熟人）的博弈Ⅲ。所有 18 名被试的知识状态都一致设定为同时具备自己和其他博弈参与方的决策知识。另外，其中的 8 名被试还参加了 20 轮特殊形式的博弈Ⅱ——E 组的 Exp5.3，对手是作为列参与者、自始至终选择固定行动 A1 的计算机。我们把计算机设定为一个固执的指导者。当然，参与实验的被试并不知道他们的对手是一台计算机。

最后，还有 10 名被试参与 20 轮特殊形式的博弈Ⅲ——E 组的 Exp7.3，对手是作为列参与者、自始至终选择固定行动 A2 的计算机。参与实验的被试并不知道他们的对手是一台计算机。在 E 组中被试的知识状态都一致设定为同时具备自己和其他博弈参与方的决策知识。

表 4.1　实验分组程序

实验编号	实验处理	知识状态	博弈	被试组数	轮数	匹配方式
A	Exp1	AP	三人博弈Ⅰ	18 人 6 组	40	固定
	Exp3	AP	三人博弈Ⅰ		40	随机
B	Exp4	OP	三人博弈Ⅰ	21 人 7 组	39	固定
	Exp2	AP + OP	三人博弈Ⅰ		30	固定
C	Exp6	AP + OP	两人博弈Ⅱ	20 人 10 组	20	固定
D	Exp5	AP	两人博弈Ⅱ	18 人 9 组	20	固定
E	Exp5.3	AP	两人博弈Ⅱ	8 人 8 组*	20	固定
	Exp7.3	AP	两人博弈Ⅲ	10 人 10 组*	20	固定

注释：*每个参与者都与计算机匹配作为搭档。

在每一轮，要求被试做出两个决策：第一，在该轮选择行动 A1、A2 和 A3 中的一个；第二，预测在该轮关于对手行动的信念——主观概率判断。根据所参与的博弈支付矩阵，行动决策将得到相应报酬，汇报信念根据 QSR 规则给予奖励。

4.2.2　博弈支付矩阵

实验中涉及的博弈形式主要有如下几种：

（1）博弈Ⅰ　三人 3×3×3 最小努力博弈

选取典型的将共享资源博弈和协调博弈融为一体的最小努力博弈①：参与人同时选择有成本的努力水平，博弈支付由最小努力水平所决定。假定有 3 个参与人，每个人都有 3 个可供选择的行动，$e_i \in \{1,\ 2,\ 3\}$，博弈支付函数为 $\pi_i = 3[\min(e_1,\ e_2,\ e_3)] - e_i$（详见图 4.1）。显然，选择同样行动的策略组合都是纳什均衡，因为任何人单独偏离都不会带来支付的增加，并且这一系列的纳什均衡可以进行帕累托排序。最小努力博弈均衡选择不仅取决于参与人对其他人是否有选择相同行动的预期，而且博弈支付也是一个重要影响因素，即均衡选择中行为预期与博弈支付都非常重要，这与本书考察的现实问题——共享资源治理相对应。同时也是本书在理论和实验研究中尝试从两人 3×3 博弈到三人 3×3×3 博弈的协调机制拓展。

在处理 Exp4 和 Exp2 时，研究人员告诉被试“你所在小组中，每个人的赢利对照表都是随机生成的，有可能一样，也有可能不一样”，以此作为知识异质性设置。

---

① 如文献［154］所述，如果增加博弈前的廉价磋商且每个参与人能准确地预测到其他人的行动，那么博弈将均衡于最大可能的行动，即博弈前的廉价磋商会使系统自动达到帕累托效率均衡，但当不存在博弈前的交流时，参与人就面临囚徒困境式的选择。

3个参与者选择中的最小数

你的选择	3	2	1
3	6	3	0
2	—	4	1
1	—	—	2

图4.1　博弈支付矩阵Ⅰ

（2）博弈Ⅱ　两人3×3唯一纯策略均衡协调博弈

出于相关实验设计经验以及研究目的的考虑，本书完全沿用了文献［27］的博弈形式（如图4.2所示），Ehrblatt等人已经通过该博弈实验验证了知识同质性假设下策略指导行为的存在及其对均衡收敛的促进作用，基于此上，本书尝试拓展到知识异质性状态下的老练学习和策略指导。该博弈具有以下特征：具有一个纯策略纳什均衡，纳什支付处于帕累托边界，纳什均衡中的支付是非对称的。

在处理Exp6时，研究人员将作为行参与者的被试看到的支付矩阵设定为如图4.3所示，而同时作为其同组对手的列参与者仍旧能够看到如图4.2所示的支付矩阵，以此体现知识异质性。在处理Exp5.3时，我们设定计算机作为列参与者，且自始至终选择行动A1，不论作为行参与者的被试选择何种行动。

列参与者

行参与者	A1	A2	A3
A1	51, 30	35, 43	93, 21
A2	35, 21	25, 16	32, 94
A3	68, 72	45, 69	13, 62

图4.2　博弈支付矩阵Ⅱ

列参与者

行参与者	A1	A2	A3
A1	51	35	93
A2	35	25	32
A3	68	45	13

图 4.3 变形的博弈支付矩阵Ⅱ

（3）博弈Ⅲ 两人 3×3 多重纯策略均衡协调博弈

存在唯一均衡的时候，如果老练者采取策略指导促成均衡，那么存在多重均衡时，老练者是否会导向自己偏爱的均衡呢？出于同样的考虑，本书沿用文献［26］的博弈形式（如图 4.4）。该博弈最大的特点是具有多重均衡：存在 3 个非帕累托排列的纳什纯策略均衡，其中两个支付相差悬殊（突现利益分歧），一个支付基本对称。

在实验处理 Exp7.3 中，研究人员设定计算机作为列参与者，且自始至终选择行动 A2，不论作为行参与者的被试选择何种行动。

列参与者

行参与者	A1	A2	A3
A1	52 40	43 22	52 40
A2	40 35	20 10	46 44
A3	52 40	60 30	52 40

图 4.4 博弈支付矩阵Ⅲ

4.2.3 信念诱导程序

在每一轮，参与者除了选择行动，还需报告在该轮关于对手行动的信念——预测对手在当轮采取三个行动各自的可能性，报告信念根据 QSR 规则给予奖赏。

QSR 规则使用文献中常用的经典二项式。要求被试报告对手将会采取行动 A1、A2 或 A3 的概率，使用一个向量形式，$P=(p_1, p_2, p_3)$，p_i 代表被试关于对手采取行动 a_i 的信念，其中 $a_i=$(A1，A2，A3)。当一个参与者报告 P，且对手实际上采取行动 a_i，他在博弈Ⅰ和博弈Ⅱ、博弈Ⅲ中的支付分别由式（4－1）和式（4－2）给出：

$$\pi = 1 - 0.5((1 - p_i)^2 + \sum_{j \neq i} p_j^2) \qquad (4-1)$$

$$\pi = 10 - 5((1 - p_i)^2 + \sum_{j \neq i} p_j^2) \qquad (4-2)$$

式（4－1）和式（4－2）的意思一致，其常数系数是根据所参与的博弈支付矩阵的不同而做了不同设置。此处以博弈Ⅰ中的式（4－1）为例阐释：在每轮开始做出预测报告被试关于对手行动选择的信念前，每个被试有 1 个单位的实验点数。在做出预测并且对手也做出了行动选择之后，如果被试报告的预测或者说信念与对手当轮实际行动不符，作为惩罚，将从这 1 个单位中相应减去 $(1-p_i)^2$。当被试报告对手采取行动 a_i 的概率为 1 且对手在当轮确实选择行动 a_i，则该名被试可以保有这 1 个单位点数。当被试报告了关于其他行动的不准确的信念时，也要从 1 个点数中扣除 $\sum_{j \neq i} p_j^2$。还有一种极端情况就是，被试将整个概率 1 都放在一种行动上，而对手实际上没有选择该行动，导致他失去这 1 个单位点数，支付为 0。据此换算关系可知，风险中立的被试会说真话。

本书之所以要根据不同的支付矩阵设计不同的预测得分规则，主要意图是保持报告信念预测的奖励与博弈实验中的支付之间一定的稳定关系：预测得分相比较而言要少一些。因为太多的预测奖励会使得被试以作为实验主体的博弈支付为代价，去最大化他们各自行动选择之前的预测得分。这将会导致本书的实验设计失去意义。

4.2.4 实验平台 z-Tree 及程序拓展

z-Tree 全称为苏黎世经济学实验平台工具箱（Zurich Toolbox for Readymade Economic Experiments），是瑞士苏黎世大学经济学实证研究院（Institute for Empirical Research in Economics，University of Zurich）的 Urs Fischbacher 教授开发的一种经济学实验的专用设计环境，专门用于经济学实验软件开发。z-Tree 的最大优势是简便易学，易于操作。完全没有计算机基础的人也可能通过阅读 z-Tree 用户手册，在短期内掌握使用，详见文献［155］。z-Tree 的缺陷是灵活性差，界面单调。笔者通过与 Urs Fischbacher 教授的邮件联络，已经取得该套程序语言的使用授权。

技术人员根据实验要求在 z-Tree 服务器软件编写程序；主试通过 z-Tree 服务器软件运行程序，进行实验；被试通过 z-Leaf 客户端软件连接到服务器端，参与实验；在实验中，主试可向被试发出指令，赋予参数，根据被试做出的决策计算并将最后结果反馈给被试，基本情况可见图 4.5 所示。

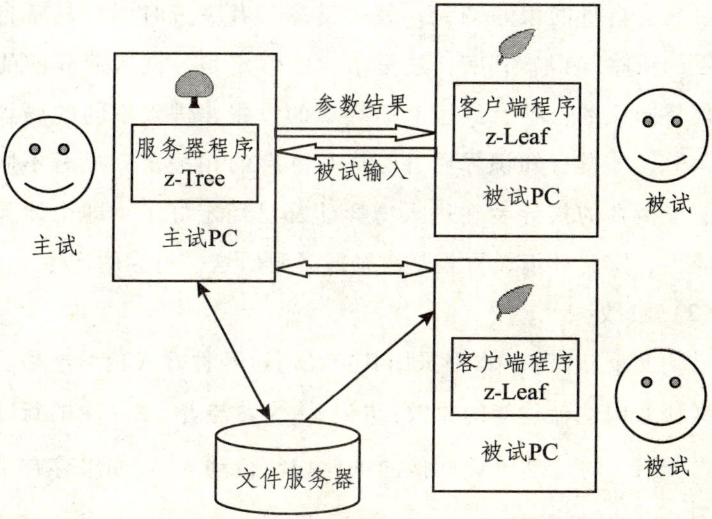

图 4.5　z-Tree 程序运行控制示意

资料来源：笔者根据 z-Tree 使用手册整理绘制。

4.3 实验数据与结果的一般性描述

依既定的实验目的和思路，首先就其所涉及的相关问题，运用获得的实验数据给出一个概观，较为直观地掌握相关数据的统计特征，然后做进一步更具针对性的深入分析，对上述问题进行逐一回答。

4.3.1 概念定义及其在实验中的界定

（1）知识

立足于第 2 章对知识的讨论以及现有的实验手段和方案，本书将知识界定为被试掌握在一定策略集中的每一个行动及其对应的支付结果，即“策略—行动—支付结果”再加上这一因果关系实现的主观概率判断（信念），突出知识作为一种因果关系的实质，以此区别于博弈论中的信息问题。

实验中，据知识异质性标准表征为两类参与者：一类参与者决策时只具有自身的策略知识，另一类参与者决策时同时具备自身的和对手的策略知识。其实，这里暗含的假定是，进入博弈前的每个被试都是同质的，唯有经过实验环境的设置，进入不同的场景和相应的角色，才具有知识异质性。这与已有的相关研究显著不同，一般都假设潜在的指导者在进入博弈前都已经定好了，即个体天生具有异质性，实验环境设置只是激励或者阻碍这一行为的产生。

（2）收敛

借鉴文献［27］，本书采用其定义通过两种方式较为严格、一般的定义博弈向纳什均衡的收敛：“记 $a_{i,t}$ 为参与者 i 在 t 轮的行动。我们说参与者 i 的行动收敛到他的纳什均衡行动 a_i^*，如果存在某一轮 $t_i^{a^*} \leqslant \overline{T}-2$，对于所有的 $t \in \{t_i^{a^*}, \cdots, \overline{T}\}$，$a_{i,t}=a_i^*$。当然，当所有参与者都收敛时，博弈收敛到纳什均衡，所以当参与者 i 在 $t_j^{a^*}$ 轮收敛，参与者 j 在 $t_j^{a^*}$ 轮收敛，我们就说该博弈在 $\hat{t}=\max\{t_i^{a^*}, t_j^{a^*}\}$ 轮收敛。或者说，参与者 i 的行动在 $t_j^{a^*}$ 轮收敛到纳什均衡，如果该参与者从此轮以后一直选择该行动且从不偏离。我们说，参与者 i 和参与者 j 之间的一个博弈收敛，如果所有参与者都收敛或在 $\hat{t}=\max\{t_i^{a^*}, t_j^{a^*}\}$ 轮。”

如果用信念来描述收敛：“记 $b_{i,t}$ 为参与者 i 关于参与者 j 在 t 轮的行动选择的信念。记 $\mathrm{BBR}^i(a_i^*)$ 为 i 最优响应为 a_i^* 的信念集，a_i^* 是纳什行动。我们称 $\mathrm{BBR}^i(a_i^*)$ 为 i 的纳什最优响应信念集，并且参与者 i 的信念在 $t_i^b \leqslant \overline{T}$ 轮已经收敛，如果对于所有 $t \in \{t_i^b, \cdots, \overline{T}\}$，$b_{i,t} \in \mathrm{BBR}^i(a_i^*)$。或者说，一旦进入纳什最优响应集且从不离开直到博弈结束，那么一个参与者的信念已经收敛。”

上述定义是本书找到的最严格的收敛标准，因而也是最难达到收敛标准的。通过上述方式对收敛的表征，可以较为清晰地看出参与者信念和行动的收敛、波动情况，如果一个博弈一旦收敛，该博弈将一直收敛且不会再偏离。

（3）老练学习和策略指导

笼统地说，老练学习是指参与者预期对手是如何学习的，将对手的信念和决策规则纳入自己的决策考虑。在下文进一步的分析中，我们将做细致讨论。

参照文献［27］，将策略指导定义如下，“当一个参与者至少连续三个阶段选择纳什行动，而无论该行动对于他的信念来说是否最优响应”。在博弈互动过程中，指导者较早地理解自己所参与博弈的纳什均衡，并且尝试通过连续选择自己的纳什行动来影响对手的信念从而改变其行动选择，当他们作为追随者的对手看到指导者连续多轮选择相同的行动，可能会跟着调整自己的主观概率判断，以致双方达成一致稳定的行为预期。

4.3.2 描述性统计

表4.2显示，在参与三人 3×3×3 博弈 I 的四类实验处理（Exp1、Exp2、Exp3 和 Exp4）设置的不同知识状态和匹配方式中，按照本书选取的收敛标准，四类实验处理（Exp1、Exp2、Exp3 和 Exp4）的最终收敛被试组所占比例分别为100%、71.43%、100%和100%，绝大部分实验组对最终都会收敛稳定在该博弈的三个纳什均衡状态中。其中，收敛在效率较高的纳什均衡（2，2，2）和（3，3，3）的行动组合所占比例较低，而收敛到类似于经典的囚徒困境所描述的低效率均衡状态（1，1，1）的比例较高。上述四类实验中，依设置的知识状态，三方同时具备自身和搭档的“策略—行动—支付”的决策知识，三方参与者的决策知识状态随机生成，三方同时具备自身和搭档的决策知识（随机匹配搭档）和三方都只具备自身决策知识，收敛到所占比例分别为66.67%、42.86%、100%和85.71%。

表 4.2　Exp1、Exp2、Exp3 和 Exp4 的均衡收敛分布

实验处理	总共组数	未收敛		（1，1，1）		（2，2，2）		（3，3，3）	
		组数	比例（%）	组数	比例（%）	组数	比例（%）	组数	比例（%）
Exp1	6	0	0	5	83.33	1	16.67	0	0
Exp2	7	2	28.57	4	57.14	0	0	1	14.29
Exp3	6	0	0	6	100.00	0	0	0	0
Exp4	7	0	0	6	85.71	0	0	1	14.29

在图4.6中的Exp1，实验设置为固定匹配的博弈被试都同时具备三方的“策略—行动—支付”决策知识，且每一轮的行动选择及支付都是在下一轮决策之前被试组的共同知识。图4.6显示，在第1轮，所有被试的行动选择分布为约55%的被试选择行动A2，约35%的被试选择行动A1，约10%的被试选择行动A3。从第2轮各方得知第1轮选择的最终支付结果后，选择行动A1的被试比例开始显著上升，选择行动A2的被试比例基本保持稳定，而选择A3的被试比例趋

于下降，直到第16轮趋于0。至此尝试从低效率的（1，1，1）纳什均衡到高效率的（3，3，3）均衡的博弈协调宣告失败。而一部分被试尝试维持（2，2，2）均衡的努力和坚持最终使得一个被试组成功收敛到相对于（1，1，1）更具帕累托效率的（2，2，2）均衡。

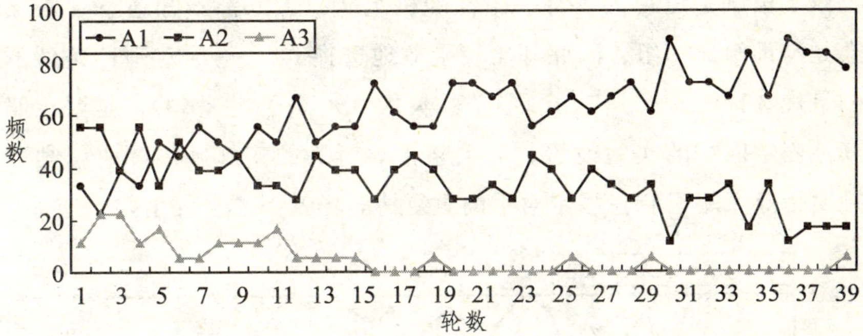

图 4.6　Exp1 行动选择频数分布

在图4.7所示的Exp2实验设置中，每个被试组中至少有一名被试只知道自己的“策略—行动—支付”，而不知道关于博弈其他两方的决策知识，从而导致博弈收敛比例显著降低。从时间上看，在第1轮，选择A1的被试约占60%，而采取行动A3约40%，经过两轮调整，三种可选行动在各轮的比例从第3轮开始就基本维持稳定。直到30轮博弈结束，一个被试组成功收敛到具有帕累托效率的（3，3，3）均衡——从第1轮开始便已经基本维持稳定。

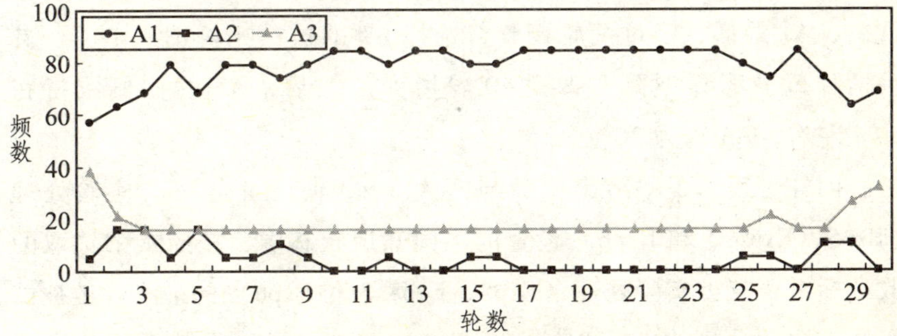

图 4.7　Exp2 行动选择频数分布

如图 4.8 所示，Exp3 实验设置的每轮随机匹配博弈Ⅰ中，行动 A1 在 40 轮博弈中始终占据绝对优势，几乎没有被试选择具有帕累托效率的行动 A3，但在前 20 轮，仍有被试尝试选择折中的行动 A2，到最后都趋于失败。原因已经在较多文献中有所讨论，即在该实验场景下被试是短视的，每一轮都随机组队，三方都不知道下一轮又会是与谁组成一组，因此都比较果敢地选择 A1——绝对理性条件下的最优选择——“一锤子买卖”。本书再次采用这一实验，是要比照其他固定匹配的实验设置，为策略指导行为的实施施加障碍，尝试说明指导策略只有在固定对手的重复博弈场景下才会发生。

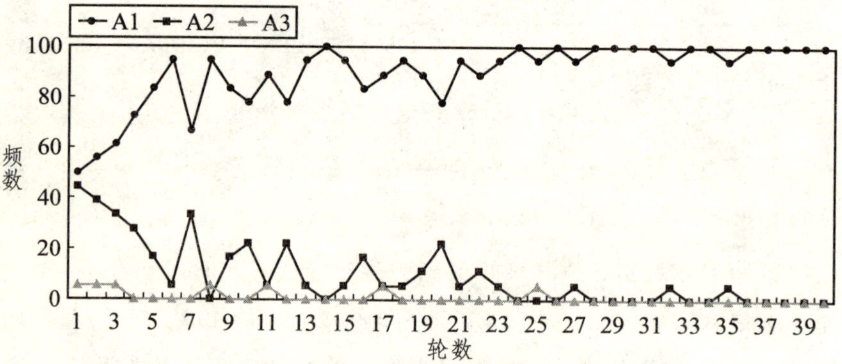

图 4.8　Exp3 行动选择频数分布

在图 4.9 所示的 Exp4 中，每个参与博弈的被试都只知道自己的“策略—行动—支付”。在第 1 轮，三种可选行动比例 A3 最高，A2 次之，A1 最低，经过两轮调整，选择 A1 的被试比例迅速上升，其他两种行动明显下降，直到 40 轮博弈的最后，A1 的比例维持在 80% 左右，A3 约为 20% 。

同样，表 4.3 中给出了参与两人 3 × 3 博弈Ⅱ的三类实验处理（Exp5、Exp5.3 和 Exp6）设置的不同知识状态中，按照本书选取的收敛标准，三类实验处理（Exp5、Exp5.3 和 Exp6）的最终收敛被试组所占比例分别为 33.33% 、75.00% 和 0。可见，收敛到纳什均衡所占比例相对较低，该博弈具有唯一纯策略纳什均衡（A3，A1）。

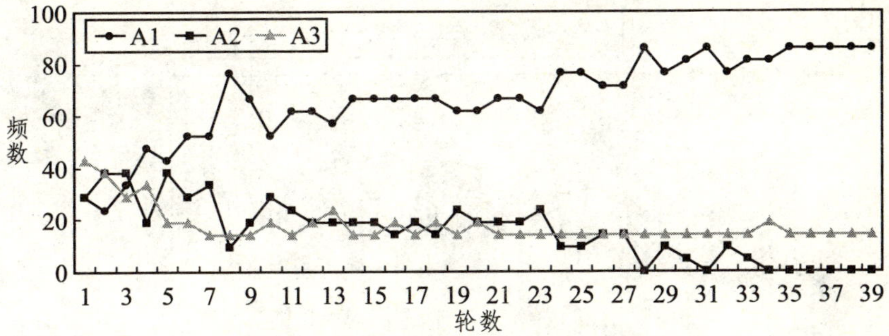

图 4.9 Exp4 行动选择频数分布

其中，Exp5 对应的状态是双方同时具备自身和搭档的“策略—行动—支付”的决策知识；Exp5.3 对应的是一方为同时具备自身和搭档决策知识的大学生被试，另一方作为列参与者固定采取均衡策略 A1 的计算机搭档；Exp6 对应的是一方同时具备自身和搭档的决策知识，另一方只具有自身决策知识。在参加实验处理 Exp5 的 9 对被试组中，有一组被试的行动选择组合最后收敛在（A1，A2）这一非纳什均衡状态，对其原因的进一步分析将在下文给出。

表 4.3 Exp5、Exp5.3 和 Exp6 的均衡收敛分布

实验处理	总共组数	未收敛		NE（A3，A1）	
		组数	比例（%）	组数	比例（%）
Exp5	9	6	66.67	3	33.33
Exp5.3	8	2	25.00	6	75.00
Exp6	10	10	100.00	0	0

在图 4.10 和图 4.11 中，分别显示了参与 Exp5 的博弈Ⅱ（双方都具备关于对手和自己的决策知识）中作为行参与者和列参与者角色的被试行动选择频率分布。该博弈中行参与者和列参与者的均衡行动分别为 A3 和 A1，而从图 4.10 和图 4.11 中所示的 20 轮重复博弈看，双方行动选择过程并没有收敛到上述纳什行动的趋势。

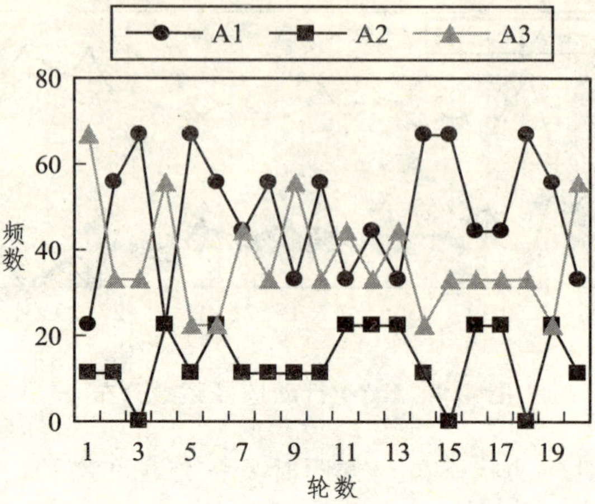

图 4.10　Exp5 行参与者行动选择频数分布

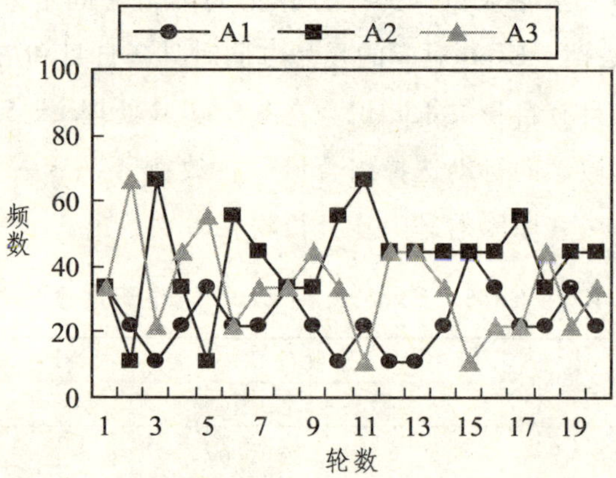

图 4.11　Exp5 列参与者行动选择频数分布

图 4.12 所示 Exp5.3 中作为行参与者的被试，与作为列参与者且始终采取策略指导行为的计算机对手博弈，行动选择依轮数的分布显然可以与参与同一个博弈的 Exp5 和 Exp6 相区别。作为其纳什行动的 A3 的选择频率依轮数增长而增长，其他两个可选行动的比例递减。相对其他实验设置，如此大的收敛频率，主要可以归功于作为其对手的列参与者——计算机坚持不懈的策略指导行为。在下文将作为重点讨论。

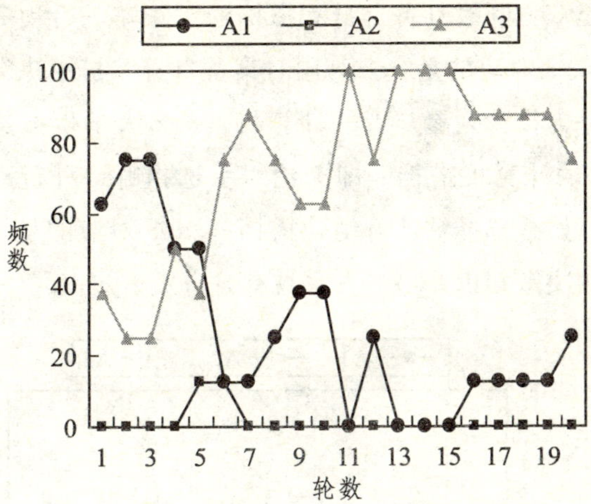

图 4.12 Exp5.3 行参与者的行动选择比例分布

在知识异质性处理的 Exp6 中，被试的行动选择频率分布较为紊乱，几无规律可循，尤其是处于决策知识劣势（只具备自己策略对应支付知识而不知道对方策略对应支付）的被试，行动选择非常盲目，如图 4.13 和图 4.14 所示。作为行参与者的被试其纳什行动为 A3，而在允许被试自我学习调整的 20 轮博弈中，选择该行动的频率基本维持不变。作为列参与者的被试其纳什行动为 A1，而在 20 轮博弈中，该行动被选择的频率逐渐趋于 0，即在每一轮与对手的 20 轮互动博弈过程中，该类被试尚不清楚自己的纳什行动以及所参与博弈的均衡状态何在。从而导致 Exp6 中没有一组被试的行动收敛。

博弈Ⅲ具有三个纯策略纳什均衡，分别为（A3，A2）、（A2，A3）和（A1，A2）。在参加实验处理 Exp7.3 的 10 对被试组（10 名大学生被试分别和固定采取策略 A2 的计算机搭档，即他们的对手是天生的指导者——无论对手选择哪一种行动，自己都一直选择纳什行动）。表 4.4 中给出了参与两人 3×3 博弈Ⅲ的 3 类实验处理（Exp7、Exp7.3 和 Exp8）设置的不同知识状态中，按照本书选取的收敛标准，三类实验处理（Exp7、Exp7.3 和 Exp8）的最终收敛组对所占比例分别为 77.78%、90.00% 和 40.00%。与 Exp5、Exp5.3 和 Exp6 相类似，Exp7

对应的状态是双方同时具备自身和搭档的“策略—行动—支付”的决策知识；Exp7. 3 对应的是一方为同时具备自身和搭档决策知识的大学生被试，另一方作为列参与者的计算机（8 名大学生被试分别和固定采取策略 A1 的计算机搭档，即无论对手选择哪一种行动，作为指导者的计算机，始终选择纳什行动）搭档；Exp8 对应的是一方同时具备自身和搭档的决策知识，另一方只具有自身决策知识。

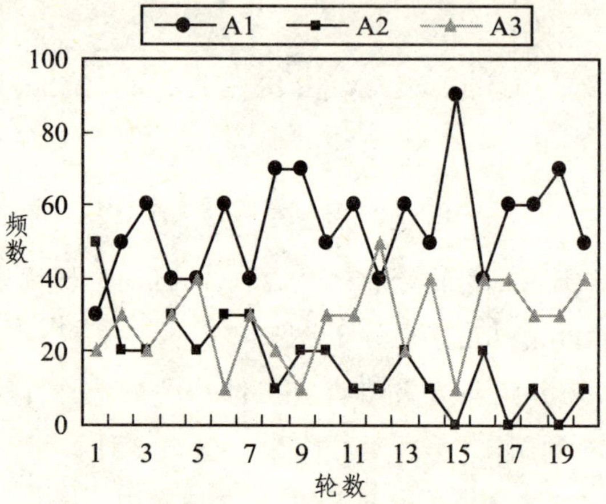

图 4. 13　Exp6 行参与者行动选择频数分布

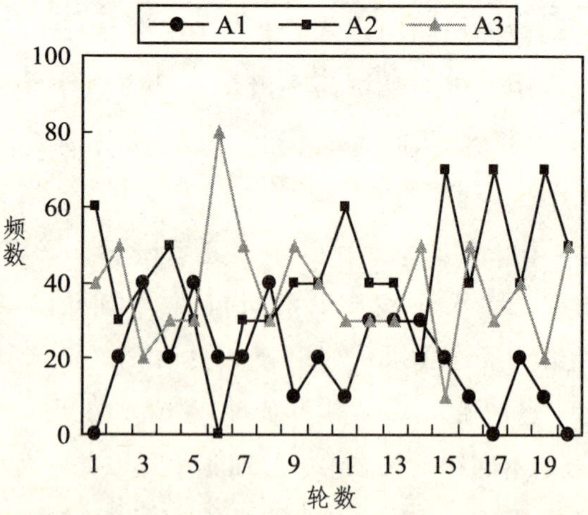

图 4. 14　Exp6 列参与者的行动选择比例分布

表 4.4 Exp7.3 的均衡收敛分布

实验处理	总共组数	未收敛		(A3，A2)		(A2，A3)		(A1，A2)	
		组数	比例（%）	组数	比例（%）	组数	比例（%）	组数	比例（%）
Exp7.3	10	2	20.00	8	80.00	0	0	0	0

与博弈Ⅰ和博弈Ⅱ不同的是，博弈Ⅲ具有多重均衡，但作为行参与者和列参与者角色的同一纳什均衡中，各自的纳什行动并不相同。因此，单纯从行动选择频率分布折线图中无法全面准确反映被试的互动过程。

图 4.15 所示的 Exp7.3 中作为行参与者的被试，与作为列参与者且始终采取策略指导行为（选择行动 A2）的计算机对手博弈。在给定计算机采取策略指导 A2 的前提条件下，相应的，作为其纳什行动的选择 A3 的频率从第 7 轮便维持在 80% 的较高水平，其他两个可选行动的比例则递减，虽然最后并非所有策略指导都成功了。相对于其他实验设置，如此高的收敛频率，可以归因于作为其对手的列参与者——计算机的策略指导行为。这也将在下文中作为重点考察。

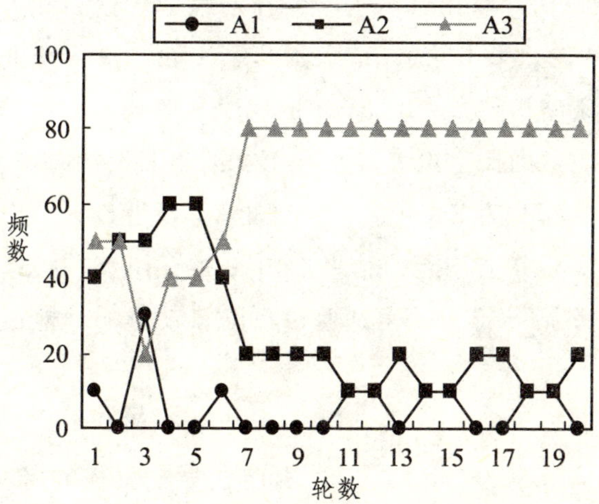

图 4.15 Exp7.3 行参与者行动选择频数分布

4.4 两人3×3、三人3×3×3博弈中策略指导的存在性及其比较

根据本书对知识、均衡和策略指导行为的实验表征界定，首先报告策略指导行为在各类实验设置下的分布。

在参与两人唯一纯策略纳什均衡博弈Ⅱ的Exp5实验数据结果显示：9个被试组中共有2组收敛，开始收敛的轮数分别为第15轮和第2轮，且在这两组中都发生了策略指导行为——被试至少连续3次选择自己的纳什行动，哪怕根据自己的信念，这个行动并不是能够获得最大期望支付的最优响应行动。在其他7个被试组中，还有两组存在这类策略指导行为，但最终都未能收敛到纳什均衡，本书称之为失败的指导。

在参与博弈Ⅱ的Exp5.3中，8名被试与始终作为指导者采取指导策略的计算机配对组合进行博弈，最后共有6组被试行为收敛到纳什行动，收敛比例达到75%，显著高于参与同一个博弈的Exp5和Exp6中的被试组。收敛被试组中，开始收敛轮数分别为第6轮、第11轮、第14轮、第1轮、第13轮和第1轮。从直观上看，这和没有人为设定策略指导行为的Exp5形成明显对比——存在策略指导行为的被试组收敛的概率更大（将在下文给出假设检验）。

在参与博弈Ⅱ的Exp6中，引入知识异质性设置，产生了与参与同一个博弈实验完全不同的结果。10个被试组无一收敛，几乎没有被试采取策略指导行为，尝试通过自己行动影响其他被试的信念和行动选择。

在参与博弈Ⅰ的Exp1中，共有6名被试采取策略指导行为，但能将博弈从低效率的（1，1，1）引向帕累托更优的（2，2，2）或者（3，3，3）均衡状态的比例并不高，只有一组收敛到（2，2，2）。在Exp2中，因为知识异质性实验设置，在参与该实验的21名

被试中采取策略指导行为的明显减少，只有1人，且就是该名被试所在组最后收敛在（3，3，3）均衡状态。在Exp3中，进行每轮随机匹配，意图是假设指导有助于收敛，那么通过改变实验环境来设置障碍使得策略指导变得困难甚至不可能，则协调到高效率均衡状态的概率就会降低。结果在参与该实验的18名被试中只有4名被试采取策略指导行为，且几乎无法发挥作用，最后没有一组协调成功。因为指导者在上一轮对其搭档实施策略指导之后，在下一轮可能与另外一名被试作为搭档，从而使得他在上一轮的努力又付诸东流，因为在这一轮对手并不知道指导者在上一轮采取什么行动。在Exp4中，因为每名被试都只知道自己的支付矩阵，从而无法发生本研究所界定的策略指导行为。

在知识同质条件下的博弈互动过程中，指导者相对较早地理解自己所参与博弈的纳什均衡，并且尝试通过连续选择自己的纳什行动使得对方明白自己的用意，改变对方的信念，进而选择属于对方的纳什行动，使整个博弈尽快收敛。面临这种情况，作为追随者的一方会有两种可能的应对方式：第一，观察到指导者连续多轮选择某一相同行动，较快理解对方的用意，即自己所参与博弈的均衡状态所在，调整信念——设定对方固定选择某一行动的前提下，只要选择对应的自己的期望支付最大化的行动，作出最优响应。这样，该被试组就能相对快地达成一致稳定的预期，或者说默契，使得博弈收敛。第二，对一方的策略指导行为视而不见，未能较快领会指导者的“良苦用心”，以致指导者失去耐性，不再坚持进行策略指导，使得收敛的可能性降低。从追随者的角度来看，其信念和决策知识更新过于迟缓，在该名被试的学习过程中，决策权重过多的赋予以往的历史经历上，对近期的行动历史不够敏感，这样缓慢的调整意味着博弈收敛过程较为漫长；而且，当一方被试尝试采取指导行为时，如此缓慢的相应也会使得指导者放弃指导。

上述两种情况在实验中都会发生，在下文将进行规范的形式化讨论。这里选取一个被试组的行动选择过程说明指导和追随的学习互动。在图 4.16 和图 4.17 的横轴上，列出了博弈轮数，纵轴上给出了作为行或列参与者的被试所选择的行动（1、2、3 分别行动 A1、A2 和 A3）。借鉴文献［27］的标识方法，方框“□”表示被试在对应某一轮中选择的行动，“×”表示在该轮双方行动选择是否达成纳什均衡，“+”表示在该轮针对被试关于对手行动选择的信念的最优响应。这样，图中每个标识的含义如下：一个空框表示所选行动并非最优响应，也不是纳什行动；一个带“+”的方框表示所采取的行动是针对被试信念的最优响应，但不是该博弈的纳什行动；而一个同时带有“×”和“+”的方框则表示所选行动是针对被试信念的最优响应且为纳什行动。

在该组被试所参与的博弈Ⅱ中，均衡行动为（A3，A1），即行参与者选择 A3 同时列参与者选择 A1 则达到均衡。图 4.16 和图 4.17 所示博弈过程具有如下特征：根据前述界定，该博弈在第 12 轮收敛。明显的是，被试组中作为行参与者的 d2－1 是指导者，在第 3 轮便采取策略指导，持续 3 轮选择自己的纳什行动，而无论针对自己信念该行动是否是最优响应。尽管他的指导行为未能很快使列参与者调整到选择行动 A1，指导者持续了 3 轮，直到第 6 轮偏离了纳什行动，作出了自己的最优响应。但是，对于整个博弈或双方参与者而言，这一轮很关键——可能因为双方的一念之差导致博弈在 20 轮内无法收敛。也就在指导者转而做出最优响应的同时，作为追随者的列参与者选择了纳什行动。在接下来的第 7 轮，行参与者又转而选择自己的纳什行动，仅根据这两轮之间的行动选择转换，无法推断双方是否真正理解对方用意和该博弈的均衡状态。但从 12 轮开始，可以确信，双方信念和行动都达到了纳什均衡状态，因为他们各自的行动选择正是根据自己信念做出的最优响应且为纳什行动。

最后必须明确，策略指导对于收敛的促进作用，但是也要注意策略指导的存在并非收敛的必要条件。

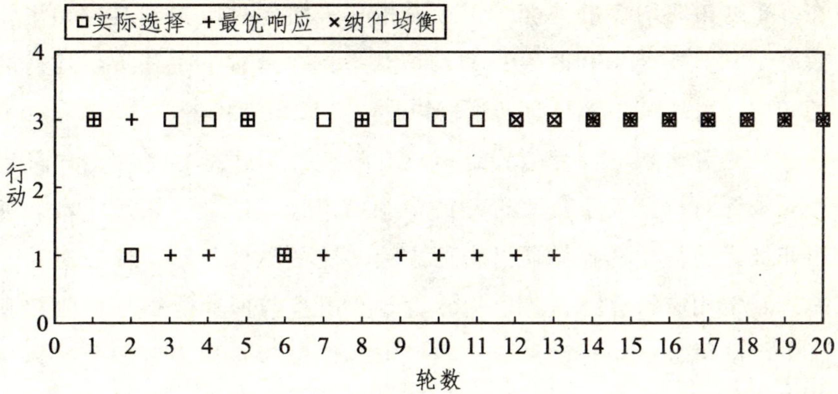

图 4.16 Exp5 行参与者 d2－1

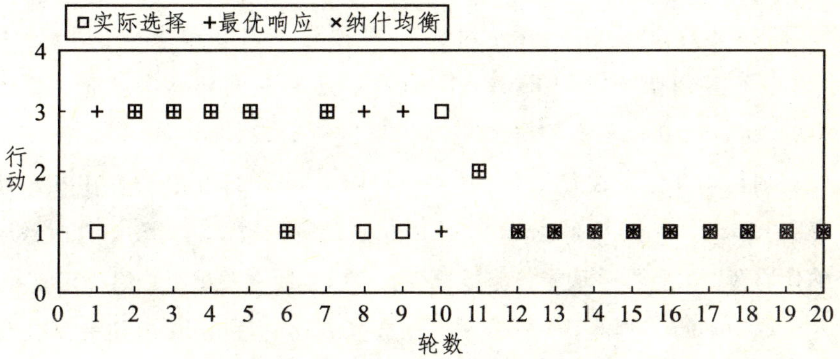

图 4.17 Exp5 列参与者 d2－2

4.5 参与者采取策略指导行为的动机（激励）

关于参与者采取策略指导行为的动机（激励），笔者认为有两种可能：

第一，指导者采取策略指导行为，是为了自己能够获得较高的支付：在存在多重纯策略均衡的博弈中，采取指导策略促进收敛到实现自己较高支付的均衡状态；在具有唯一纯策略均衡的博弈中，采取策略指导者所得支付显著高于追随者的支付。

第二，指导者采取策略指导行为，是为了改善社会福利：在存在多重纯策略均衡的博弈中，采取指导策略促进收敛到具有帕累托效率（双方支付均有改善）的均衡状态；在具有唯一纯策略均衡的博弈中，采取策略指导有助于较快收敛到该均衡状态。

从对策略指导行为的界定及已有数据显示，指导者在指导过程中并未针对自己关于对手行动的信念做出最优响应，相反时常表现出非最优的行动选择。通过自己连续多轮的纳什行动，促使对手学习、发生相应的追随行为，指导者希望所参与博弈能够尽快收敛到一个行动组合（该行动可能是纳什均衡也可能是指导者偏爱的另一种组合），从而获得比每一次都做出最优响应更高的支付总额。因此，本书将作如下的假设检验：

Teacher，指导者——分为成功的指导者 TC 和失败的指导者 TNC。在参与博弈Ⅰ的 Exp1—Exp4 中，成功是指将均衡状态从低效率的（1，1，1）均衡引导到更高效率的（2，2，2）或（3，3，3），失败则指均衡停留在低效率的（1，1，1）纳什行动组合。在参与博弈Ⅱ的 Exp5、Exp5.3 和 Exp6 中，成功是指所在被试组行动组合收敛到纳什均衡，失败即采取了策略指导行为，但其所在被试组最终仍未收敛。

Follower，追随者（FOL）——这里表示对手采取指导策略，且其采取追随学习，最终该被试组收敛到高效率均衡（博弈Ⅰ）或纳什均衡（博弈Ⅱ）。

Non-Coordination，协调失败者（NC）——既未采取策略指导行为又未能收敛者（博弈Ⅱ）或收敛到较高效率均衡状态的参与者（博弈Ⅰ）。

在许多轮里，指导者为了选择纳什行动，并未针对自己的信念作出最优响应。我们臆测指导者寄希望于通过学习，使得自己所在的被试组能够收敛到一个纳什均衡，从而获得比非收敛被试组更高的支付总额。因此，我们期望成功的支付会高于未收敛者，就是说，$\pi^{TC} > \pi^{NC}$。但是，指导者在指导过程中并非每轮作出最优响应，而作为被指导一方的追随者可以作出最优响应，因此假设 $\pi^{FOL} > \pi^{TC}$。此外，本书尝试检验策略指导行为是否存在风险，即一旦指导失败，指导者获得的支付甚至可能低于未收敛者（未能协调者），$\pi^{NC} > \pi^{TNC}$。

在对参与不同实验设置的被试行动选择进行筛选后，本书选择Exp1、Exp3、Exp5 和 Exp6 四个实验的数据，因为这四个实验中存在上述的各类参与者类型。在表 4.5 和表 4.6 中，显示了参与 Exp1、Exp3、Exp5 和 Exp6 博弈实验的参与者获得的平均支付（用实验点数统计）。通过运用两个样本的 Wlicoxon（Mann-Whitney）秩和检验法，检验上述各类参与者在博弈结束之后，各自的支付是否存在显著差异。

- 策略指导是一项投资行为吗?

H4－3－1　成功指导者的支付总额显著高于协调失败者。

构造原假设 H_0：$\eta^{TC} = \eta^{NC}$，构造备择假设 H_1：$\eta^{TC} > \eta^{NC}$

在所选实验 Exp5 中，得到 Mann-Whitney 统计量 $W = 23.0$，由于 $P(p = 0.0855) < 0.005$，按照 $\alpha = 0.05$ 的水准，拒绝 H_0，接受 H_1。可以认为成功指导者的支付总额显著高于协调失败者。如我们所见，Exp5 中成功指导者得到的支付比未收敛者多，且在统计上是显著的。

H4－3－2　成功指导者的支付总额显著低于追随者（适应性学习者）。

构造原假设 H_0：$\eta^{FOL} = \eta^{TC}$，构造备择假设 H_1：$\eta^{FOL} > \eta^{TC}$

在所选实验 Exp5 中，得到 Mann-Whitney 统计量 $W = 5.0$，由于 $P(p = 0.5000) < 0.005$，按照 $\alpha = 0.05$ 的水准，拒绝 H_0，接受 H_1。在协调成功的被试组中，追随者得到的比指导者稍多一点，在统计上显著。在成功收敛的被试组中，追随者相对较快更新信念且做出的最优响应次数较指导者要多，从而支付也要高于指导者。

- 策略指导需要付出代价（风险）吗？

H4-3-3 失败指导者的支付总额显著低于协调失败者。

构造原假设 H_0：$\eta^{NC}=\eta^{TNC}$，构造备择假设 H_1：$\eta^{NC}>\eta^{TNC}$

Exp1 中得到 Mann-Whitney 统计量 $W=67.5<80.0$，按照 $\alpha=0.05$ 的水准，无法拒绝原假设，失败指导者的支付总额和协调失败者存在差异，但无法通过显著性检验。

Exp3 中得到 Mann-Whitney 统计量 $W=107.0<133.0$，按照 $\alpha=0.05$ 的水准，无法拒绝原假设，失败指导者的支付总额和协调失败者存在差异，但无法通过显著性检验。Exp5 得到 Mann-Whitney 统计量 $W=95.0$，由于 $P(p=0.2057)<0.005$，按照 $\alpha=0.05$ 的水准，协调失败者与指导失败者的支付存在显著差异，且失败指导者的支付总额显著低于协调失败者。Exp6 中得到 Mann-Whitney 统计量 $W=188.0<189.0$，按照 $\alpha=0.05$ 的水准，无法拒绝原假设，失败指导者的支付总额和协调失败者存在差异，但无法通过显著性检验。

综上，在 AP 设置的两人博弈 Exp5 中发现策略指导的确存在风险，因为一旦遇到的对手信念更新过于迟缓，不清楚指导者的意图所在，导致博弈协调失败，那么指导者将要承担一定的损失，得到的支付低于未收敛者（或协调失败者）。这也是在本书实验中较少出现策略指导行为的原因所在。

在 AP 设置的 Exp1、AP 设置的随机组队的三人博弈 Exp3 和 "AP + OP" 设置的两人博弈 Exp3，失败指导者和协调失败者的支付差异都未通过显著性检验。这表明参与者支付还与关于对手支付的知识等要素有关，在这里暂不展开讨论。

表 4.5 Exp1 和 Exp3，各类参与者的支付值及比较

博弈 I	Exp1				Exp3			
	高效率		(1，1，1)		高效率		(1，1，1)	
	指导者 TC	追随者 FOL	指导者 TNC	未收敛者 NC	指导者 TC	追随者 FOL	指导者 TNC	未收敛者 NC
Mean	82.00	76.50	59.20	50.00	—	—	52.00	42.500
St. Dev.	—	3.54	13.33	11.62	—	—	5.35	3.50
Maximum	82.00	79.00	76.00	79.00	—	—	59.00	50.00
Minimum	82.00	74.00	45.00	41.00	—	—	46.00	40.00
Median	82.00	76.50	60.00	45.50	—	—	51.50	41.00
N	1	2	5	10	0	0	4	14

注释：高效率是指博弈收敛到（2，2，2）或（3，3，3）均衡状态。

表 4.6 Exp5 和 Exp6，各类参与者的支付值及比较

博弈 II	Exp5				Exp6			
	收敛组		未收敛组		收敛组		未收敛组	
	指导者 TC	追随者 FOL	指导者 TNC	未收敛者 NC	指导者 TC	追随者 FOL	指导者 TNC	未收敛者 NC
Mean	1 023.00	978.00	844.50	908.90	—	—	956.00	933.10
St. Dev.	55.20	393.00	60.10	96.30	—	—	84.900	129.00
Maximum	1 062.00	1 256.00	887.00	1 078.00	—	—	1 016.0	1 206.00
Minimum	984.00	700.00	802.00	779.00	—	—	896.00	741.00
Median	1 023.00	978.00	844.50	885.00	—	—	956.00	949.00
N	2	2	2	12	0	0	2	18

4.6 知识异质性、信念和决策规则调整的学习过程

个体间的异质性如何体现在信念和决策规则调整的学习过程中，具体来说有如下两大问题：

假设按照策略指导者和追随者划分，那么问题在于，其信念和决策规则调整的区别是表现在符合强化学习模型、信念学习模型

(虚拟博弈模型)、γ-加权信念学习模型和 EWA 模型诸多学习模型中的一类或几类，还是仅仅是一类模型中的变量、参数取值不同。

根据 QSR 规则诱导得到的信念——信念的实验值（实验诱导所得信念），与其他几种方式形成的信念相比较，从重复的每一轮博弈的信念、行动和支付结果等方面判断，哪一种更接近参与者的真实信念？论证的基本设想和思路如图 4.18 所示。

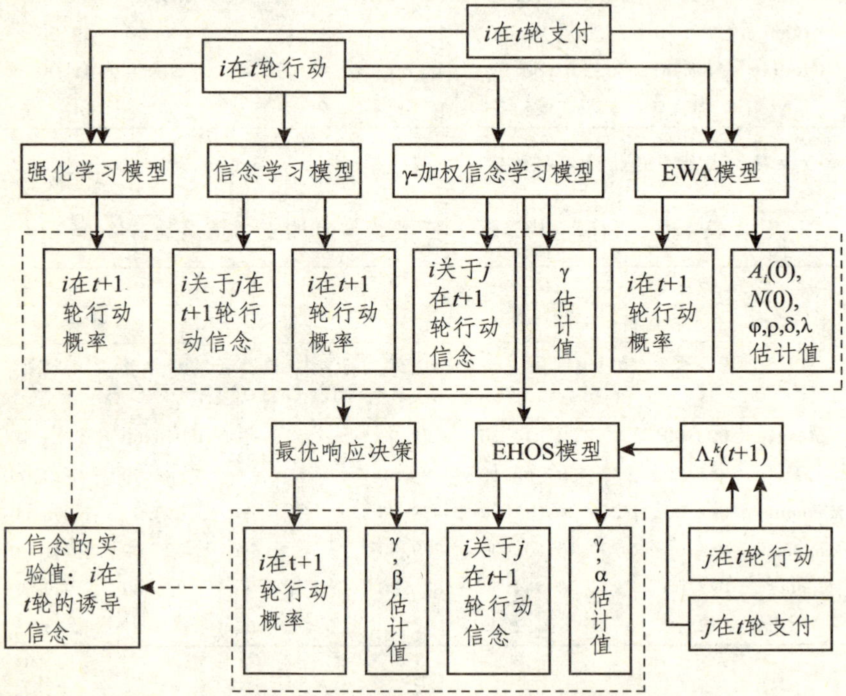

图 4.18 学习模型拟合、参数估计比较思路

在这一节，笔者将重点考察以下几个方面：

(1) 与采取固定策略指导行为的计算机搭档博弈，作为追随者的被试信念和决策规则的学习调整行为符合哪一类学习模型的解释和预测？以往关于信念调整的学习行为研究中，并未对博弈双方互动过程中的策略指导和追随学习两种不同的学习调整过程区别对待，但在本书及新近文献中开始关注这一类现象。因此，本书尝试据此将参与同一个博弈的双方参与者用学习调整方式相区分——在参与同一个博弈的参与者中区分了两类学习方式——适应性学习和老练学习，让计算机扮演一名坚定的策略指导者，观察作为另一方的被试如何追随学习。

（2）研究被试企图采取策略指导影响对方信念进而改变行动选择之后的指导过程。知识异质性个体间的信念和决策规则调整是否也存在差异，依据这一异质性标准能否区别适应性学习和老练学习两类信念和决策规则调整方式？

（3）在指导者的老练学习方式中考察不同实验设置和学习模型如何刻画指导过程，其关键要素是什么？指导者主观信念调整过程体现在强化学习模型、信念学习模型（虚拟博弈模型）、γ-加权信念学习模型和 EWA 模型中，各对应哪几个参数或者变量？如果这些已有模型尚不能完全揭示指导行为的特征，能否运用新的信念形成模型来解释，如同时包括个体基于博弈历史形成信念和具有前瞻性远见的 EHOS 信念形成模型，在实验中的表征及数据科学计算是本书的重点工作所在。

模型 1（强化学习模型）和模型 2（虚拟博弈的信念学习模型）较为简单，是一个前后两轮的迭代过程，我们利用实验数据计算根据模型得出的信念理论值和实验中被试陈述的信念值相比较，便得到均方差值（MSD），以此判断模型的解释力和预测效果。以下简要交代带有不同参数模型的估计方法：模型 3（γ-加权信念学习模型）、模型 4（EWA 模型）、模型 5（最优响应决策模型）和模型 6（EHOS 模型）。

4.6.1　γ-加权信念模型的参数估计算法

由参与者 j 每一期行动 $a^j(t)$（取 1，2，3 中某一数值），求出示性函数矩阵$(l_j)_{T\times 3}$（根据被试行动频数分布和收敛状况，选取前面 T 轮数据用于参数估计，若从 40 轮实验数据中挑选前 20 轮用于参数估计，那么 $T=20$）。用 $k=1$，2，3 标度行为的三种选择，$t=1$，2，…，T

标度期数。矩阵$(l_j)_{T\times 3}$的第 t 行、第 k 列元素如式（4－3）：

$$l_j(t, k) = \begin{cases} 1, & k=1 \\ 0, & k=2(a_t^j=1) \\ 0, & k=3 \end{cases}$$

$$l_j(t, k) = \begin{cases} 0, & k=1 \\ 1, & k=2(a_t^j=2) \\ 0, & k=3 \end{cases} \tag{4-3}$$

$$l_j(t, k) = \begin{cases} 0, & k=1 \\ 0, & k=2(a_t^j=3) \\ 1, & k=3 \end{cases}$$

γ 在区间［min_gamma，max_gamma］内取值，步长设为 step size gamma，求出对应于不同 γ 的矩阵$(\Gamma_i)_{(T-1)\times 3}$。$(\Gamma_i)_{(T-1)\times 3}$各元素的计算如式（4－4）：

$$\Gamma_i(t, k) = \frac{l_j(t, k) + \sum_{u=1}^{t-1} \gamma^u l_j(t, k)}{1 + \sum_{u=1}^{t-1} \gamma^u} (2 \leqslant t \leqslant T) \tag{4-4}$$

因为$(\Gamma_i)_{(T-1)\times 3}$中存在等于 0 的元素，因此无法使用极大似然估计法。笔者沿用文献［102］构造的寻优规则，将 $\Gamma_i(t, k)$与实验值（被试在每一轮决策前关于对手行动选择概率的预测——即被试陈述的信念）$\Gamma_{i,eprt}(t, k)$ 比较，求出每个 γ 对应的 SSE 值。SSE 值计算方法如式（4－5）：

$$SSE_\gamma = \sum_{t=2}^{T} \sum_{k=1}^{3} (\Gamma_i(t, k) - \Gamma_{i,eprt}(t, k))^2 \tag{4-5}$$

从中选取使得 SSE 最小的 γ 值即为对 γ 的估计值。

参数估计中的异常情况：

（1）参数 γ 的最优估计值在无穷远处

这意味着 $\gamma\to\infty$，估计值 $\Gamma_i(t,\ k)\ \equiv l_j(1,\ k)$，与 t 无关，如式（4-6）：

$$\lim_{\gamma\to\infty}\Gamma_i(t,\ k)=\frac{l_j(t,\ k)+\gamma l_j(t-2,\ k)+\gamma^2 l_j(t-1,\ k)+\cdots+\gamma^{t-2}l_j(1,\ k)}{1+\gamma+\gamma^2+\cdots+\gamma^{t-1}}$$
$$=l_j(1,\ k)$$
$$=\begin{cases}0,\ l_j(1,\ k)=0\\1,\ l_j(1,\ k)=1\end{cases}\tag{4-6}$$

T 期内，如果 $\Gamma_{i,eprt}(t,\ k)(k=1,\ 2,\ 3)$ 十分接近 $l_j(1,\ k)(k=1,\ 2,\ 3)$，那么在 γ-SSE 空间中，SSE_γ 曲线可能以 $SSE=a$（a 为常数，$a\geqslant 0$）为渐进线进行逼近，γ 的最优估计值不存在（或者说趋向于无穷大）。下面选取计算过程中遇到的一种典型情况，求出渐进线 $SSE=a$ 中 a 的取值。设 t_0 满足式（4-7）、（4-8）、（4-9）：

$$\Gamma_{i,eprt}(t,\ k)\ =l_j(t_1,\ k)(k=1,\ 2,\ 3;\ t_0\leqslant t\leqslant T)\tag{4-7}$$

$$\lim_{\gamma\to\infty}SSE_\gamma=\sum_{t=2}^{T}\sum_{k=1}^{3}(\Gamma_i(t,\ k)-\Gamma_{i,eprt}(t,\ k))^2$$
$$=\sum_{t=2}^{T}\sum_{k=1}^{3}(l_j(1,\ k)-\Gamma_{i,eprt}(t,\ k))^2$$
$$=\sum_{t=2}^{t_0-1}\sum_{k=1}^{3}(l_j(1,\ k)-\Gamma_{i,eprt}(t,\ k))^2+\sum_{t=t_0}^{T}\sum_{k=1}^{3}(l_j(1,\ k)-\Gamma_{i,eprt}(t,\ k))^2$$
$$=\sum_{t=2}^{t_0-1}\sum_{k=1}^{3}(l_j(1,\ k)-\Gamma_{i,eprt}(t,\ k))^2\tag{4-8}$$

$$\lim_{\gamma \to \infty} SSE_{\gamma} < SSE_{\forall \gamma < \infty} \tag{4-9}$$

图 4.19 由参与博弈 I 的实验 Exp2 的一组被试 b2-4、b2-5 和 b2-6 的数据作出；作为比较，图 4.20 由实验 Exp2 的一组被试 b3-4、b3-5 和 b3-6 的数据绘出。存在 γ 使得 $SSE_{\gamma} < \lim_{\gamma \to \infty} SSE_{\gamma}$，因此最优 γ 值不是在无穷远处取得，而是一个有限值。

上述情况的含义是：在某一期 t_0 以后，$\Gamma_{i,eprt}(t, k)(k=1, 2, 3)$ 收敛于第 1 期的示性函数值 $l_j(1, k)(k=1, 2, 3)$（允许存在轻微波动，只要满足 $\lim_{\gamma \to \infty} SSE_{\gamma} < SSE_{\forall \gamma < \infty}$），如果收敛速度较快，即 t_0 相对 T 较小，那么 $\lim_{\gamma \to \infty} SSE_{\gamma}$ 会取一个较小值，且可能小于 γ 取任何有限值得到的 SSE 值。此时 γ 的最优估计值不存在，且 $a = \sum_{t=2}^{t_0-1} \sum_{k=1}^{3} (l_j(1, k) - \Gamma_{i,eprt}(t, k))^2$。

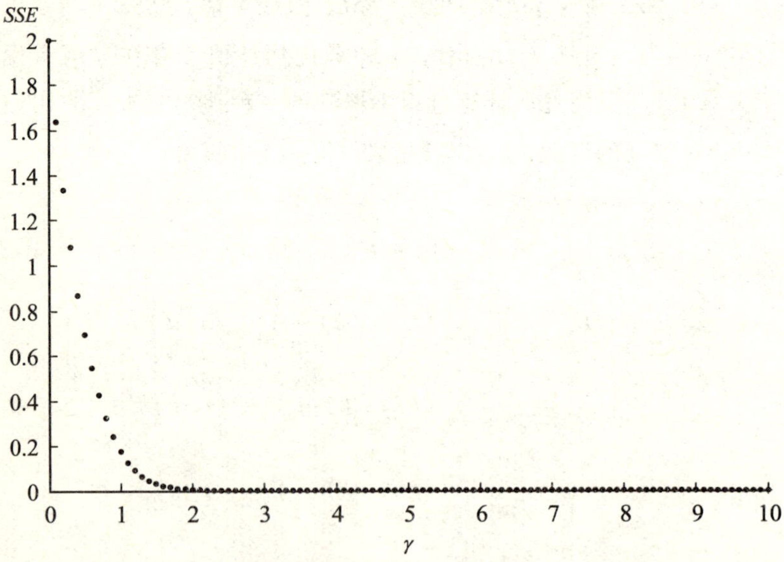

图 4.19　参数 γ 的最优估计值在无穷远处的情况 1

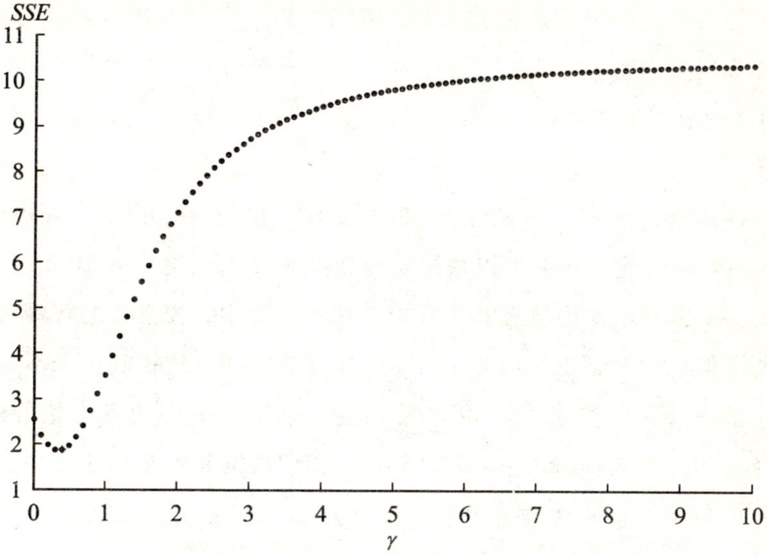

图 4.20　参数 γ 的最优估计值在无穷远处的情况 2

在实验数据的处理过程中，便遇到了上述情况。此时，模型对实验数据的解释显得有些乏力，可以分情况 1 与情况 2 予以讨论。

情况 1　对于 $\forall t = 1, 2, \cdots, t_0$，$l_j(t, k) \neq l_j(1, k)$ 成立

即第 1 期与第 t_0 期之间，参与者 j 没有哪一期的行动与第 1 期相同，那么根据观察到的事实 i 在 t_0 以后的行动收敛于 j 第 1 期的行动，我们可以作出判断：参与者 i 的确非常重视第 1 期 j 的行动。在假设（a）下模型 3 仍然有解释力，$\gamma \to \infty$ 能够描述参与者的心理——参与者极其看重对方的第 1 期博弈行动。

情况 2　$\exists t_1 \in (1, t_0)$，使得 $l_j(t, k) \neq l_j(t_1, k)(\forall t_1 \in (t, t_0))$

即在第 1 期与第 t_0 期之间存在第 t_1 期，j 作出了与第 1 期相同的行动。从直觉上说，更多时候，参与者越靠前的行动越带有试错性质，因此不会赋予对方行动过大的 γ。很可能的情况是 j 在第 t_1 期尝试博弈均衡对应的行动，i 赋予 j 在 t_1 行动以较大 γ，t_1 以后的信念 $\Gamma_{i,eprt}(t, k)$ 就以第 t_1 期 j 的行动作为参照。

事实上，我们无从判断参与者 i 究竟是极度重视参与者 j 在第 1

期的行为，还是极度重视 j 在第 t_1 期的行为。模型 3 意味着参与者 i 极度重视参与者 j 在第 1 期的行为。相比于现实的多重可能性，模型 3 的结论显得过于武断，并且可能囿于自身的解释力，而对我们产生误导。

在实验数据中，我们在 Exp2 中发现一例 $\gamma \to \infty$ 的 b2－4 被试，当 $\gamma \to \infty$ 的时候，我们可以根据实验数据区分出情况 1 和情况 2。在情况 1 中，模型 3 仍然有其解释力；在情况 2 中，模型 3 的解释有些武断。但无论是情况 1 还是情况 2，都需要一种方法找到一个不太大的 γ 值。此时不要求 SSE 取得最小值，只要足够小的满意值便可。选择 γ 的标准为 $\max\limits_{\gamma} SSE_{\gamma} \leqslant H(H > a)$。我们根据其他几组非异常数据计算出的 SSE 最小值确定 H 值（但这样显然过于主观）。[①]

（2）函数 $\Gamma_i(t,k)$ 退化为与 γ 无关的常数

当对手行动一直不变，即 $l_j(t,k) = L$，$\forall t \in (1, T)$，$k = 1, 2, 3$ 时：

$$\Gamma_i(t,:) = \frac{l_j(t,:) + \sum_{u=1}^{t-1} \gamma^u l_j(t,:)}{1 + \sum_{u=1}^{t-1} \gamma^u} = \frac{L_j + L_j \sum_{u=1}^{t-1} \gamma^u}{1 + \sum_{u=1}^{t-1} \gamma^u} \equiv (L_j)_{1\times 3} \tag{4-10}$$

$\Gamma_i(t,k)$ 从关于 γ 的一元函数退化为常数。此时模型失去了解释力。

4.6.2 EWA 学习模型的参数估计方法

使用极大似然估计方法估计参数，由于参数较多（共 8 个），因

① 我们甚至怀疑过大的 γ 值能否反映参与者的特征。

此本书没有根据逐个被试的数据估计参数值，而是首先根据事先的实验设置和被试的行动将其分类，再用每个类的被试数据估计参数用于比较说明问题。写出似然函数如式（4－11）：

$$LL(A(0),N(0),\phi,\rho,\delta,\lambda)=\sum_{t=1}^{T}\sum_{i=1}^{N}\ln\left(\sum_{j=1}^{m_i}I(s_i^j,s_i(t))\cdot\frac{e^{\lambda\cdot A_i^j(t-1)}}{\sum_{k=1}^{m_i}e^{\lambda\cdot A_i^k(t-1)}}\right) \tag{4-11}$$

其中，$N(t)$和$A_i^j(t)$分别由式（4－12）和式（4－13）定义：

$$N(t)=\rho\cdot N(t-1)+1 \tag{4-12}$$

$$A_i^j(t)=\frac{\varphi\cdot N(t-1)\cdot A_i^j(t-1)+[\delta+(1-\delta)\cdot I(s_i^j,s_i(t))]\cdot\pi_i(s_i^j,s_{-i}(t))}{N(t)} \tag{4-13}$$

自变量为$I(s_i^j,s_i(t))$和$\pi_i(s_i^j,s_{-i}(t))$，其中$I(s_i^j,s_i(t))$为示性函数，取值为1或0；$\pi_i(s_i^j,s_{-i}(t))$为选择行动j得到的收益值。这组数据作为输入值给定。根据文献［130］给出的提示：所有ϕ，λ限制为正值，$0\leqslant\delta$，$\rho\leqslant1$，$0\leqslant N(0)\leqslant1/1-\rho$。实验数据的前70%轮数据用于参数估计，模型预测效果评价用后30%期的数据计算*LL*和*MSD*。*MSD*函数如式（4－14）：

$$MSD=\sum_{t=0.7\cdot T+1}^{T}\sum_{i=1}^{N}\sum_{j=1}^{m_i}\frac{[P_i^j(t)-I(s_i^j,s_i(t))]^2}{0.3\cdot T\cdot N\cdot m_i} \tag{4-14}$$

4.6.3　带有最优响应系数的决策概率模型

由参与者j每一期行动$a^j(t)$［$a^j(t)$的取值包括1，2，3］，求出示性函数矩阵（l_j）$_{T\times 3}$（我们截取前面 T 轮数据用于参数估计，如果从 40 轮实验数据中挑选前 20 轮用于参数估计，那么 $T=20$）。

γ 在区间［min_gamma，max_gamma］内取值，步长为 step size gamma，求出 Γ 对应不同 γ 的估计值矩阵（Γ_i）$_{T\times 3}$，（Γ_i）$_{T\times 3}$元素的计算如式（4－15）：

$$\Gamma_i(t,\ k)\ =\ \frac{l_j(t,\ k)\ +\ \sum_{u=1}^{t-1}\gamma^u l_j(t,\ k)}{1\ +\ \sum_{u=1}^{t-1}\gamma^u}(2\leqslant t\leqslant T)\quad(4-15)$$

λ 在区间［min_lambda，max_lambda］取值，步长为 step size lambda。先求每一轮参与者 i 三个行动的期望效用矩阵（行对应每一轮，列对应每一行动），如式（4－16）：

$$(E\pi)_{T\times 3}=\left[(\Gamma_i)_{T\times 3}\times\begin{bmatrix}\pi_{i,11}\\ \pi_{i,12}\\ \pi_{i,13}\end{bmatrix},\ (\Gamma_i)_{T\times 3}\times\begin{bmatrix}\pi_{i,21}\\ \pi_{i,22}\\ \pi_{i,23}\end{bmatrix},\ (\Gamma_i)_{T\times 3}\times\begin{bmatrix}\pi_{i,31}\\ \pi_{i,32}\\ \pi_{i,33}\end{bmatrix}\right]$$

（4－16）

其中 $\pi_{i,pq}$（$p=1,\ 2,\ 3;\ q=1,\ 2,\ 3$）表示 i 行动为 p，j 行动为 q 时，i 的支付。

从而可以根据模型 5 求出参与者 i 行动的概率（4－17）：

$$\Pr[a^i(t)\ =\ k]\ =\ \frac{\exp(\lambda E\pi(t,\ k))}{\sum_{k=1}^{3}\exp(\lambda E\pi(t,\ k))}(k\ =\ 1,\ 2,\ 3)$$

（4－17）

因为 $\Pr\neq 0$ 恒成立，可以采用极大似然估计法确定参数 γ 和 λ

的最优值。写出似然估计函数式（4－18），γ 和 λ 的最优值由$\max\limits_{\gamma,\lambda} LL$确定：

$$LL = \ln\left(\prod_{t=2}^{T}\prod_{k=1}^{3}\frac{\exp(\lambda E\pi(t,k))}{\sum_{k=1}^{3}\exp(\lambda E\pi(t,k))}\right)$$
$$= \sum_{t=2}^{T}\sum_{k=1}^{3}(E\pi(t,k) - \ln(\sum_{k=1}^{3}\exp(E\pi(t,k)))) \qquad (4-18)$$

（1）γ 的退化

当对手行动一直不变，即 $l_j(t,:) = (L_j)_{1\times3}$，$\forall t \in (1, T)$ 时，矩阵 $(\Gamma_i)_{T\times3}$的第 t 行元素如式（4－19）。则参与者 i 行动的概率式（4－19）由关于 γ 和 λ 的二元函数退化为关于 λ 的一元函数，此时我们仍然能够对 λ 进行参数估计，如式（4－20）：

$$\Gamma_i(t,:) = \frac{l_j(t,:) + \sum_{u=1}^{t-1}\gamma^u l_j(t,:)}{1 + \sum_{u=1}^{t-1}\gamma^u} = \frac{L_j + L_j\sum_{u=1}^{t-1}\gamma^u}{1 + \sum_{u=1}^{t-1}\gamma^u} \equiv (L_j)_{1\times3} \qquad (4-19)$$

$$(E\pi)_{1\times3}(t) \equiv \left[(L_j)_{1\times3}\times\begin{bmatrix}\pi_{i,11}\\ \pi_{i,12}\\ \pi_{i,13}\end{bmatrix},\ (L_j)_{1\times3}\times\begin{bmatrix}\pi_{i,21}\\ \pi_{i,22}\\ \pi_{i,23}\end{bmatrix},\ (L_j)_{1\times3}\times\begin{bmatrix}\pi_{i,31}\\ \pi_{i,32}\\ \pi_{i,33}\end{bmatrix}\right]$$
$$= [\pi_1 \quad \pi_2 \quad \pi_2] \qquad (1\leqslant t\leqslant T) \qquad (4-20)$$

（2）取到极限值的情况

如式（4－21），我们观察到一个有趣的现象：当 $E\pi(t,k) > 0$ $(k=1, 2, 3)$，如果被试过于在意博弈结果，三种行为的概率都将等于 1/3，与 $\lambda=0$ 下的随机选择没有区别。可以推测该名被试面临选择锱铢必较、患得患失，因此难以做出抉择，只能随机选择。这有点像阿马蒂亚·森所说的“理性的驴”，当一头符合新古典假设绝对理性的驴，面对两堆完全一样的草，要做出选择到吃哪一堆时，最终无法抉择，只好饿死。幸亏在我们的实验中，对被试的决策时间有一定的限制，要不然还真会出现这样“理性的傻子”！如果三种行动中某一个行动对应的期望效用为0，那么参与者就会在剩下的两种行动中随机选择。如果三种行动中有两个行动对应的期望效用为0，那么参与者就会以概率1选择剩下的一个行动。

$$\lim_{\lambda\to\infty}\Pr[a^i(t)=k]=\frac{\exp(\lambda E\pi(t,k))}{\sum_{k=1}^{3}\exp(\lambda E\pi(t,k))}$$
$$=\begin{cases}1/3,\ E\pi(t,k)>0,\ k=1,2,3\\ 1/2,\ E\pi(t,m)=0,\ E\pi(t,m)>0,\ k\neq m\\ 1,\ E\pi(t,m)=E\pi(t,n)=0,\ E\pi(t,k)>0,\ k\neq m,n\end{cases}\tag{4-21}$$

4.6.4 瞻前顾后的 EHOS 模型参数估计算法

由参与者 j 每一期行动 $a^j(t)$ [$a^j(t)$ 取 1，2，3 中某一值，即三种行动组成的集合中的一种]，写出示性函数矩阵 $(l_j)_{T\times 3}$（选取前 T 轮数据用于参数估计，若从 40 轮实验数据中挑选前 20 轮用于参数估计，那么 $T=20$）。γ 在区间 [min_gamma，max_gamma] 内取值，步长为 step size gamma，求出 Γ 对应于不同 γ 的估计值矩阵 $(\Gamma_i)_{T\times 3}$。$(\Gamma_i)_{T\times 3}$的第 t 行、第 k 列元素如式（4-22）：

$$\Gamma_i(t,k)=\frac{l_j(t,k)+\sum_{u=1}^{t-1}\gamma^u l_j(t,k)}{1+\sum_{u=1}^{t-1}\gamma^u}\qquad(2\leqslant t\leqslant T)\tag{4-22}$$

α 在区间［0，1］内取值，步长为 step_alpha，求出不同的（γ，α）对应的（$B_i)_{(T-1)\times 3}$，见式（4－23）：

$$B_i(t,k)=\alpha\Gamma_i(t,k)+(1-\alpha)\Lambda_i(t,k)\qquad(2\leqslant t\leqslant T)\tag{4-23}$$

其中 $\Lambda_i(t,k)$ 是矩阵（$\Lambda_i)_{T\times 3}$的第 t 行，第 k 列元素。$(\Lambda_i)_{T\times 3}$的计算如式（4－24）：

$$\Lambda_i^k(t+1)=\Pr[L_0]\left[\frac{1}{3}\right]+(\Pr[L_1]-0.5\Pr[both])[l_t(\mathrm{BR}(L_1(t))=k)]+(\Pr[L_2]-0.5\Pr[both])[l_t(\mathrm{BR}(L_2(t))=k)]\tag{4-24}$$

其中，对于从第 2 轮开始的每一轮，每个参与者，Pr［L_1］——计算他采取与 Level 1 博弈一致的行动的轮数所占比例；Pr［L_2］——采取与 Level 2 博弈一致的行动的轮数所占比例；Pr［L_0］——采取既非 Level 1 又非 Level 2 的行动的轮数比例。还有一种情况是，一个行动可能同时与 Level 1 和 Level 2 保持一致。因此，借鉴文献［27］的方法，引入 Pr［*both*］——被试采取一个同时与 Level 1 和 Level 2 一致的行动的轮数所占比例。

因为$(B_i)_{T\times 3}$中有元素等于 0，因此无法使用极大似然估计法。我们把 $B_i(t,k)$与实验值 $\Gamma_{i,eprt}(t,k)$比较，求出某一 γ 对应的 SSE 值。SSE 计算如式（4－25）。从中选取最小的 SSE，对应的（γ，α）就是最优估计参数。

$$SSE_{\gamma,\alpha}=\sum_{t=2}^{T}\sum_{k=1}^{3}(B_i(t,k)-\Gamma_{i,eprt}(t,k))^2\tag{4-25}$$

对参数取值的讨论：

（1）参数 α 的估计值为 0，即 $\alpha=0$，则 $B_i(t,\ k)=\Lambda_i(t,\ k)$ $(2\leqslant t\leqslant T)$，由关于 γ 与 α 的二元函数退化为 α 的一元函数，与 γ 的取值无关。

（2）当对手行动不变，即 $l_j(t,\ :)=(L_j)_{1\times 3}$，$\forall t\in(1,\ T)$ 时，矩阵 $(\Gamma_i)_{T\times 3}$ 的第 t 行见式（4－26）：

$$\Gamma_i(t,\ :)=\frac{l_j(t,\ :)+\sum_{u=1}^{t-1}\gamma^u l_j(t,\ :)}{1+\sum_{u=1}^{t-1}\gamma^u}=\frac{L_j+L_j\sum_{u=1}^{t-1}\gamma^u}{1+\sum_{u=1}^{t-1}\gamma^u}\equiv(L_j)_{1\times 3} \tag{4-26}$$

$B_i(t,\ :)=\alpha L_j(t,\ k)+(1-\alpha)\Lambda_i(t,\ k)$，由关于 γ 与 α 的二元函数退化为 α 的一元函数，但我们仍然可以对参数 α 进行估计，并且估计出 α 并不一定等于 0。

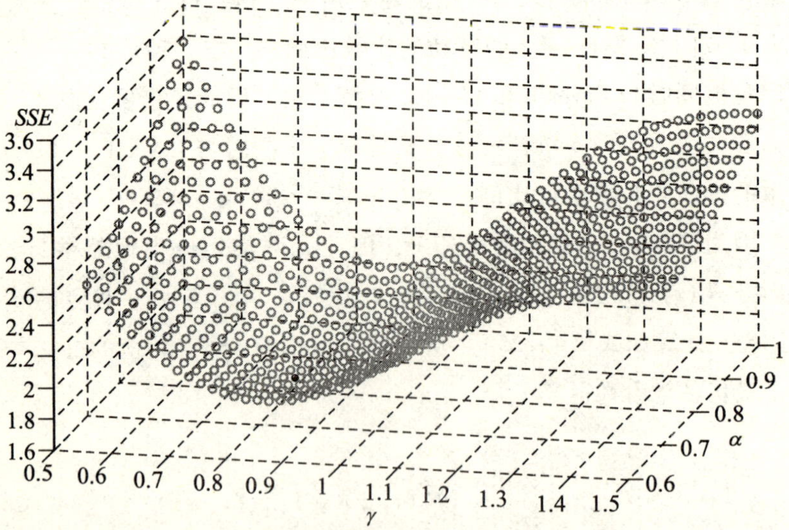

图 4.21　模型 6 参数估计寻优过程示例

4.6.5　知识异质性分布与信念形成、决策规则的调整和策略指导的关系

在部分实验设置中，随机生成搭档参与博弈实验的被试的知识状态——部分被试具备自己和对手双方的决策知识，其他被试只掌握自身的决策知识。因此相对于后者，前者在决策上具有优势，本书称为知识优势。由此引出如下需要实验数据解答的问题：

关于“策略—行动—支付”的决策知识如何进入参与者信念和决策规则的形成、调整过程，博弈学习理论中经典的适应性学习模型都假设个体只会“向后看”——只关注博弈行动历史和自己的支付状况。本书假设存在“向前看”的个体，且在当期决策过程中将对手支付纳入考虑。

具备知识优势的被试是否更倾向于遵循老练学习规则，即在决策过程中不但回顾对手博弈行动历史，还会预期对手如何从每一轮行动和结果中学习、调整自己的策略，然后依此推断（或者说假想）做出自己的决策。就决策知识优势而言，在重复博弈中信念和决策规则的形成、调整方式是否也有显著的区别，分别符合哪一种学习模型或者说差别体现在何处？进一步的，根据被试在实验中各轮行动外在表现区分出不同类型参与者，其信念和决策规则各有何特点，两类参与者之间的差别如何体现？是否能够据此区分老练学习和适应性学习？就本书实验所选取的信念诱导方式与一般的迭代学习模型所得到的信念差异如何体现，且对其行为特征如何描述和解释？从知识异质性角度考察，对信念和决策规则的调整如何作用，进而归纳出知识、参与者信念和决策规则调整对博弈均衡收敛（从低效率到高效率均衡的协调成败）的影响。

针对上述问题，我们按照不同实验设置，根据上述设计的模型1到模型6估计方法，通过MATLAB6.5软件，对总共95名被试的行动选择、支付等相关数据逐一进行计算（在计算过程中，各个

参数的步长统一取 0.02)，尝试做出回答和对比分析。其中，模型 1 和模型 2 是每一轮数据的迭代。模型 4 的待估参数过多，共有 8 个，导致无法使用个体层面的数据估计模型——使用每一名被试数据估计得到该模型的 8 个参数值，因此我们尝试使用那些其他模型解释力较差的数据来估计模型 4 的参数，期望能够得到更好的解释效果。

(1) Exp1：知识同质（AP）、固定匹配条件下的模型估计结果

表 4.7 列出了分别使用模型 1、模型 2、模型 3、模型 5 和模型 6 拟合取得的均方差值 MSD。表 4.7 中 MSD 值显示，若以其均值作为衡量标准，则模型 6（EHOS 模型）要优于其他模型，更能够解释参与该博弈实验的被试真实行为表现，大部分被试通过模型 6 拟合算得的 MSD 值要比其他模型低（在表中每名被试在各种模型中 MSD 最小值已用斜体字标注）。这也支持了理论模型部分的判断，即能够同时体现个体“前瞻”和“后顾”特征的 EHOS 模型相对其他模型更能体现被试的信念形成和决策过程。与 $\alpha=1$ 的强化学习模型、虚拟博弈学习模型和 γ-加权信念模型比较，拟合效果的确显著改善。

因此，针对参与 Exp1 的被试行为，这里将主要用该模型解释其行为特征表现。表 4.8 显示了使用参与博弈 I 的 Exp1 的 18 名被试相关数据，分别估计了模型 3、模型 5 和模型 6 的各个参数值。从模型 6 参数估计值 $\hat{\gamma}''$一列中可见，能够估计出的参数值大部分都较接近于 1，表明其信念更新规则中关于对手历史行动的那一部分较接近于虚拟博弈中所展现的那样——假设参与人能够记住其对手以前的所有行动（当然，模型 6 的优越之处便在于还给预期他人如何学习留有余地，即体现在参数 α 上），另外有 4 名被试的 $\hat{\gamma}''$ 大于 3，表明被试信念形成过程中对他人前期博弈行动历史较为倚重，显然如果对手一开始便没有选择纳什行动，这就不利于自身尽快调整到均衡状态。

表 4.7 Exp1 中模型预测的 MSD 值

被试	模型 1：强化学习	模型 2：虚拟博弈	模型 3：γ-加权信念	模型 5：最优响应	模型 6：EHOS
a1 - 1	0.072 1	0.080 2	2.555 6E - 05	0.020 8	2.652 4E - 05
a1 - 2	0.034 6	0.090 1	0.004 0	7.659 1E - 04	0.002 7
a1 - 3	0.092 0	0.169 6	0.181 0	0.027 0	0.016 8
a1 - 4	0.038 9	0.054 5	—	0.017 6	2.051 4E - 04
a1 - 5	0.184 5	0.079 6	1.158 6	0.111 0	0.031 6
a1 - 6	0.005 6	0.110 8	0.054 7	0.054 8	0.050 5
a1 - 7	0.021 9	0.055 2	3.567 3E - 05	0.012 0	4.064 0E - 04
a1 - 8	0.173 3	0.066 5	—	0.208 9	0.005 0
a1 - 9	0.017 5	0.102 7	3.196 2E - 14	0.005 6	2.911 1E - 04
a2 - 1	0.173 8	0.164 2	0.006 2	0.124 3	0.023 4
a2 - 2	0.204 7	0.118 9	0.121 8	0.117 2	0.090 1
a2 - 3	0.199 6	0.203 1	0.087 6	0.221 7	0.081 5
a2 - 4	0.112 0	0.137 8	0.091 0	0.113 1	0.042 0
a2 - 5	0.034 1	0.075 5	3.473 6E - 04	0.002 8	0.004 0
a2 - 6	0.077 8	0.089 4	0.076 4	0.111 0	0.066 8
a2 - 7	0.038 5	0.067 0	2.684 7E - 04	0.002 7	0.001 2
a2 - 8	0.015 9	0.040 3	0.024 7	0.048 7	0.030 0
a2 - 9	0.131 5	0.024 8	0.024 7	0.017 7	0.013 7
Mean	0.090 5	0.096 1	0.114 5	0.070 6	0.027 1
Std. Dev	0.070 6	0.475 0	0.283 6	0.071 5	0.029 6

注释：表中“—”表示由于对手行动单一固定，无法根据模型估计出参数值，从而没有相应的 MSD 值。

从模型 6 表示赋予“前瞻”和“后顾”在信念形成过程中所占权重的参数估计值 $\hat{\alpha}$ 中可见，成为指导者（无论成功或者失败）的 a1 - 1、a1 - 5、a1 - 8、a2 - 1、a2 - 5 和 a2 - 8 六名被试，在 [0, 1] 的取值范围中，他们的 $\hat{\alpha}$ 值都相对较小（除了 a1 - 5 接近于 1），但并非只有这些指导者的 $\hat{\alpha}$ 值较小——参与者在信念形成过程中不但关注对手历史行动，而且将较大权重赋予关于对手将如何学习、调整策略的预期和思考。这表示被试老练于信念更新过程，因为他们不仅使用关于对手历史行动记忆来形成信念，同时使用关于对手最近一轮支付的知识。且 Exp1 中唯一成功协调到高效均衡（2，2，2）的 3 名被试的 $\hat{\alpha}$ 值都较小，说明老练于信念更新过程的被试更容易达成互相间的协调一致。

表 4.8　Exp1 数据估计的模型参数值

被试	知识状态	模型 3：γ-加权信念		模型 5：最优响应			模型 6：EHOS		
		$\hat{\gamma}$	Min *SSE*	$\hat{\gamma}'$	$\hat{\beta}$	*LL*	$\hat{\gamma}''$	$\hat{\alpha}$	Min *SSE*
a1 - 1	AP	0.920 0	1.085 8	1.330 0	3.520 0	-14.488 3	0.800 0	0.620 0	0.747 0
a1 - 2	AP	0.820 0	1.816 3	1.000 0	5.220 0	-9.753 2	0.820 0	0.780 0	1.733 1
a1 - 3	AP	1.100 0	32.809 3	0.820 0	1.560 0	-17.638 5	—	0.000 0	25.516 2
a1 - 4	AP	—	—	—	1.720 0	-10.711 1	—	0.080 0	0.581 9
a1 - 5	AP	0.980 0	1.126 8	2.900 0	1.160 0	-25.750 9	0.940 0	0.920 0	1.145 6
a1 - 6	AP	3.260 0	1.980 0	∞	2.500 0	-7.297 6	3.620 0	0.960 0	1.978 4
a1 - 7	AP	0.920 0	1.489 5	0.900 0	3.180 0	-7.617 8	0.940 0	0.340 0	1.053 3
a1 - 8	AP	—	—	—	0.000 0	-29.662 5	—	0.000 0	9.041 0
a1 - 9	AP	0.540 0	2.064 3	0.560 0	2.340 0	-11.908 1	0.560 0	0.360 0	1.762 8
a2 - 1	AP	0.660 0	6.289 3	0.940 0	1.680 0	-21.635 4	3.400 0	0.420 0	5.668 5
a2 - 2	AP	0.740 0	5.208 1	0.320 0	1.080 0	-23.532 5	0.890 0	0.310 0	3.445 5
a2 - 3	AP	0.910 0	13.947 2	0.990 0	0.690 0	-28.219 3	0.920 0	0.710 0	13.494 9
a2 - 4	AP	0.880 0	11.276 2	45.000 0	1.300 0	-22.338 9	—	0.000 0	6.993 9
a2 - 5	AP	1.600 0	2.597 3	99.000 0	2.700 0	-7.270 2	99.000 0	0.700 0	2.209 6
a2 - 6	AP	0.860 0	5.405 8	0.820 0	2.040 0	-13.960 7	0.880 0	0.580 0	4.943 8
a2 - 7	AP	0.940 0	3.003 5	0.810 0	2.730 0	-10.925 7	0.890 0	0.140 0	2.254 8
a2 - 8	AP	1.300 0	3.739 9	0.940 0	3.390 0	-7.342 8	4.500 0	0.250 0	3.153 8
a2 - 9	AP	1.060 0	2.865 3	0.800 0	1.000 0	-23.888 4	1.240 0	0.440 0	2.163 9

注释：表中“—”表示由于对手行动单一固定，无法根据模型估计出参数值，从而没有相应的 MSD 值。

实验数据计算结果表明，没有采取策略指导行为的被试在 $\hat{\alpha}$ 值上也具有这一特征，因此可以得到如下判断：能够预期对手如何学习、调整策略的老练学习者，并不一定能够成为采取策略指导以影响对手调整信念的指导者。

（2）Exp2：知识异质、固定匹配条件下的各模型估计结果

表 4.9 是根据参与 Exp2 的 21 名被试相关数据，分别使用模型 1、模型 2、模型 3、模型 5 和模型 6 拟合取得的均方差值 MSD。该实验引入了知识异质性设置，使得部分行参与者只知道自己策略和行动对应的支付，而不知道对手的决策知识（记为 OP），这样就无法计算所参与博弈的纳什均衡，更无法预测对手可能的响应。

表 4.9 中各列 MSD 显示，由于大部分被试的行动选择比较单一，固定选择某一个行动，而模型 3 中的信念值是根据对手的行动选择博弈历史形成，一旦对手选择固定，信念形成便与 γ 无关，无法计算得到估计值，模型 3 无法胜任解释此类行动表现，在下面的拟合效果比较中将不再考虑模型 3。

仍以 MSD 均值作为衡量标准比较，模型 6（EHOS 模型）要优于其他模型，更能够解释参与 Exp2 博弈实验的被试真实行为表现，大部分被试通过模型 6 拟合算得的 MSD 要比其他模型低。这再次支持了上述的理论模型判断——能够同时体现个体“前瞻”和“后顾”特征的 EHOS 模型相对其他模型更能体现被试的信念形成和决策过程，且参与实验的被试确实依照这一规则作出选择，至少相对强化模型、虚拟博弈学习和 γ-加权信念，拟合效果得到显著改善。因此，针对参与 Exp2 的被试行为，可以运用模型 6 解释行为特征。

表 4.10 使用 Exp2 的 21 名被试相关数据，估计得到模型 3、模型 5 和模型 6 的各个参数值。模型 6 对应的两列参数估计值对于本书设计实验尝试回答的问题给出了很好的回答：在［0，1］的取值范围内，8 名 OP 被试的 α 估计值都为 1，其他 6 名 OP 被试的 α 估计值也相对较大——由于不具备关于对手将要决策得到多少支付的决策知识，该类被试无法预期对手行动，并依此预期做出自己的行动选择。另外 7 名 AP 被试的 α 估计值相对于 OP 被试显著变小——在信念形成过程中不但关注对手历史行动，而且将较大权重赋予关于对手将如何学习、调整策略的预期和思考。这表示被试老练于信念

更新过程，因为他们不仅使用关于对手历史行动记忆来形成信念，同时使用关于对手最近一轮支付的知识。在7组被试中唯一成功协调到高效率均衡（3，3，3）的3名被试的 α 估计值都相对较小，再次表明老练于信念更新过程的被试更容易达成互相间的协调一致，且具备双方决策知识的条件下更易于达成稳定预期。

表 4.9　Exp2 中模型预测的 MSD 值

被试	模型1：强化学习	模型2：虚拟博弈	模型3：γ-加权信念	模型5：最优响应	模型6：EHOS
b1－1	0.0074	0.0654	—	1.4142E－29	0.0000
b1－2	0.0074	0.0570	—	2.8043E－31	1.1719E－04
b1－3	0.0074	0.0601	—	6.5357E－33	0.0000
b1－4	0.0384	0.0592	—	0.0106	7.0243E－05
b1－5	0.0074	0.0654	—	1.4142E－29	0.0000
b1－6	0.0074	0.0654	—	1.4142E－29	0.0000
b2－1	0.0705	0.0896	—	0.1422	0.0757
b2－2	0.0416	0.0767	—	0.1422	0.1231
b2－3	0.0846	0.0546	—	0.0874	0.0543
b2－4	0.0288	0.0939	0.0741	0.0741	0.0656
b2－5	0.0336	0.0818	—	0.0719	0.0194
b2－6	0.0685	0.0900	—	0.1422	0.1210
b3－1	0.1281	0.0570	0.0000	0.0183	0.0015
b3－2	0.0074	0.0599	—	0.0710	0.0667
b3－3	0.0296	0.0910	—	0.0717	0.0296
b3－4	0.0245	0.0343	5.8217E－24	3.0529E－05	2.6198E－04
b3－5	0.0223	0.0463	1.3417E－30	3.7591E－05	7.4219E－05
b3－6	0.0074	0.0791	1.0190E－23	0.0015	6.8153E－04
b3－7	0.0074	0.0654	—	0.0016	0.0000
b3－8	0.0290	0.0748	—	0.0041	1.9512E－04
b3－9	0.0074	0.0654	—	0.0016	0.0000
Mean	0.0317	0.0682	0.0148	0.0400	0.0266
Std. Dev	0.0321	0.0156	0.0331	0.0529	0.0410

注释：表中“—”表示由于对手行动单一固定，无法根据模型估计出参数值，从而没有相应的 MSD 值。

表 4.10 Exp2 数据估计的模型参数值

被试	知识状态	模型 3: γ-加权信念		模型 5: 最优响应			模型 6: EHOS		
		$\hat{\gamma}$	Min *SSE*	$\hat{\gamma}'$	$\hat{\beta}$	*LL*	$\hat{\gamma}''$	$\hat{\alpha}$	Min *SSE*
b1-1	OP	—	—	—	∞	0.000 0	—	1.000 0	0.000 0
b1-2	AP	—	—	—	∞	0.000 0	—	0.380 0	0.223 4
b1-3	OP	—	—	—	∞	0.000 0	—	1.000 0	0.000 0
b1-4	AP	—	—	—	2.000 0	-8.858 6	—	0.520 0	0.257 7
b1-5	OP	—	—	—	∞	0.000 0	—	1.000 0	0.000 0
b1-6	OP	—	—	—	∞	0.000 0	—	1.000 0	0.000 0
b2-1	OP	—	—	—	3.040 0	-4.018 1	—	0.480 0	0.186 5
b2-2	OP	—	—	—	3.040 0	-4.018 1	—	0.920 0	0.415 4
b2-3	A P	—	—	—	1.720 0	-10.711 1	—	0.720 0	0.023 8
b2-4	OP	∞	0	∞	∞	0.000 0	∞	1.000 0	0.002 3
b2-5	AP	—	—	—	2.380 0	-6.686 5	—	0.000 0	1.356 7
b2-6	OP	—	—	—	3.040 0	-4.018 1	—	0.900 0	0.007 8
b3-1	OP	0.000 0	0.38	0	1.700 0	-10.712 3	0.000 0	0.800 0	0.276 2
b3-2	OP	—	—	—	1.800 0	-3.523 1	—	1.000 0	0.000 0
b3-3	AP	—	—	—	2.500 0	-6.701 9	—	0.000 0	1.399 0
b3-4	OP	0.340 0	1.858 2	0.940 0	2.660 0	-5.727 1	0.180 0	0.380 0	1.458 8
b3-5	OP	0.260 0	1.597 1	0.840 0	2.460 0	-5.386 1	0.220 0	0.780 0	1.514 3
b3-6	AP	0.340 0	5.316 3	0.480 0	1.510 0	-8.969 2	—	0.000 0	2.919 0
b3-7	OP	—	—	—	3.000 0	-1.018 9	—	1.000 0	0.000 0
b3-8	AP	—	—	—	2.500 0	-6.701 9	—	0.200 0	1.352 5
b3-9	OP	—	—	—	3.000 0	-1.018 9	—	1.000 0	0.000 0

注释：表中"—"表示由于对手行动单一固定，无法根据模型估计出参数值，从而没有相应的 MSD 值。

使用 Exp2 数据大部分未能估算得到参数 γ 的值，因此无法进行进一步的讨论。在该实验设置下，被试各自的决策知识存在异质性，未能观察到策略指导行为的发生。

（3）Exp3：知识同质（AP）、随机匹配条件下的各模型估计结果

表 4.11 是根据参与 Exp3 的 21 名被试相关数据，分别使用模型 1、模型 2、模型 3、模型 5 和模型 6 拟合取得的均方差值 MSD。该

实验中被试之间的匹配方式有别其他实验设置，每组 3 名被试从第 1 轮开始随机组队，完成一轮博弈行动选之后，再次重新随机组队，这样就为策略指导行为的发生设置了障碍，根本上不利于被试之间的协调一致。

表 4.11 中各模型的 MSD 值显示，由于大部分被试的行动选择比较单一，导致模型 3 中的信念形成的理论设定与 γ 无关，无法计算得到估计值，在下面的拟合效果比较中将不再考虑模型 3。

以 MSD 的均值作为衡量标准比较，Exp3 结果异于 Exp1 和 Exp2。模型 1（强化学习模型）要优于其他模型，更能够解释参与 Exp3 博弈实验的被试真实行为表现，大部分被试通过模型 1 拟合算得的 MSD 值要比其他模型低。在 Exp1 和 Exp2 表现优越的模型 6（EHOS 模型）在 Exp3 表现略为逊色。究其原因，显然与匹配方式紧密相关：在 Exp1 和 Exp2 中，主要是知识异质性差异，但从第 1 轮开始，三人一组的搭档自始至终是固定不变的，这为被试间的策略指导和协调一致提供了可能，同一小组的被试经过数轮策略互动磨合，逐渐能够预期对方将如何行动，并依此做出自己的决策。而在 Exp3 中，被试搭档每轮都重新组合，这就意味着每一轮遇到的对手都可能是只打一次交道——如我们日常生活中所习惯的“一锤子买卖”，在这一轮相遇并进行一次博弈，被试可能对同组对手的信念和决策规则有所洞察，但进入下一轮博弈时，对手又是随机匹配，可能已经不是上一轮的搭档了。这样，巨大的不确定性迫使被试无法再做出“前瞻”和“后顾”型的老练学习，而只能艰难地随机应变。此时，模型 1（强化模型）便有了用武之地，可以理解，导致相对高支付的行动，被试选择该行动的概率将增加；如果强化消失了——得到相应较低的支付，导致该强化的行动也将逐渐消失；如果由于不满意的结果而导致被放弃的行为又重新在个体经历中导致了正产出，那么，这些行动很快就会被再次纳入到个体的行动策略集中。该模型得到了心理学关于强化学习的研究启发，浅显简单，正好能够用于说明每轮随机匹配设置下的被试行为表现。

表 4.11　Exp3 中模型预测的 MSD 值

被试	模型 1：强化学习	模型 2：虚拟博弈	模型 3：γ-加权信念	模型 5：最优响应	模型 6：EHOS
a1 - 1	0.084 6	0.051 6	—	0.124 2	2.423 7E - 04
a1 - 2	0.005 6	0.062 6	—	0.001 6	0.000 0
a1 - 3	0.005 6	0.064 1	—	0.001 6	0.000 0
a1 - 4	0.039 4	0.077 1	4.574 0E - 04	0.010 6	3.411 3E - 04
a1 - 5	0.024 7	0.090 8	0.051 1	0.097 2	0.046 0
a1 - 6	0.024 7	0.157 7	0.033 7	0.033 3	0.031 9
a1 - 7	0.005 6	0.064 1	—	0.001 6	0.000 0
a1 - 8	0.042 4	0.072 9	—	0.026 1	2.423 7E - 04
a1 - 9	0.005 6	0.064 1	—	0.001 6	0.000 0
a2 - 1	0.029 8	0.422 5	0.500 2	0.646 3	0.472 3
a2 - 2	0.005 6	0.412 7	0.605 7	—	0.529 1
a2 - 3	0.032 7	0.064 1	—	0.004 1	0.000 0
a2 - 4	0.101 0	0.145 3	6.936 0E - 10	0.028 9	0.001 5
a2 - 5	0.103 7	0.108 3	7.169 2E - 04	0.002 0	6.617 7E - 04
a2 - 6	0.107 9	0.131 2	1.845 5E - 09	0.021 1	2.393 0E - 04
a2 - 7	0.005 6	0.064 1	—	0.001 6	0.000 0
a2 - 8	0.005 6	0.057 2	—	—	6.059 2E - 05
a2 - 9	0.021 4	0.066 5	—	0.019 0	0.016 6
Mean	0.036 2	0.120 9	0.149 0	0.063 8	0.061 1
Std. Dev	0.037 1	0.112 4	0.251 6	0.159 4	0.160 8

注释：表中“—”表示由于对手行动单一固定，无法根据模型估计出参数值，从而没有相应的 MSD 值。

表 4.12 列出了使用 Exp3 数据大多未能估算得到模型 3 参数 γ 的值，因此无法进一步讨论。该实验设置阻碍了策略指导行为的发生，在被试行动选择中的确没有发现策略指导行为。

表 4.12 Exp3（每轮随机匹配）数据估计的模型参数值

被试	知识状态	模型 3：γ-加权信念		模型 5：最优响应			模型 6：EHOS		
		$\hat{\gamma}$	Min *SSE*	$\hat{\gamma}'$	$\hat{\beta}$	*LL*	$\hat{\gamma}''$	$\hat{\alpha}$	Min *SSE*
a1－1	AP	—	—	—	0.500 0	－19.105 4	—	0.000 0	1.799 5
a1－2	AP	—	—	—	3.000 0	－1.008 9	—	1.000 0	0.000 0
a1－3	AP	—	—	—	3.000 0	－1.018 9	—	1.000 0	0.000 0
a1－4	AP	5.600 0	0.613 5	0.000 0	2.000 0	－8.858 6	∞	0.700 0	0.417 9
a1－5	AP	7.000 0	0.109 5	0.000 0	0.740 0	－18.808 4	∞	0.900 0	0.080 3
a1－6	AP	39.840 0	1.974 9	0.550 0	2.750 0	－7.942 2	∞	0.800 0	2.102 6
a1－7	AP	—	—	—	3.000 0	－1.018 9	—	1.000 0	0.000 0
a1－8	AP	—	—	—	1.500 0	－12.326 2	—	0.000 0	2.101 5
a1－9	AP	—	—	—	3.000 0	－1.018 9	—	1.000 0	0.000 0
a2－1	AP	1.940 0	28.731 7	1.060 0	4.350 0	－5.861 4	∞	0.450 0	27.948 3
a2－2	AP	1.240 0	35.241 9	—	—	—	—	0.000 0	31.147 3
a2－3	AP	—	—	—	2.500 0	－6.701 9	—	1.000 0	0.000 0
a2－4	AP	0.600 0	6.064 7	0.520 0	1.440 0	－20.670 8	0.580 0	0.520 0	5.252 5
a2－5	AP	0.860 0	3.574 2	1.060 0	6.200 0	－10.581 6	0.860 0	1.000 0	3.574 2
a2－6	AP	0.540 0	4.003 2	0.620 0	1.620 0	－19.014 0	0.510 0	0.710 0	3.775 0
a2－7	AP	—	—	—	3.000 0	－1.018 9	—	1.000 0	0.000 0
a2－8	AP	—	—	—	—	—	—	0.500 0	0.139 7
a2－9	AP	—	—	—	3.000 0	－4.018 9	—	0.700 0	0.063 3

注释：表中"—"表示由于对手行动单一固定，无法根据模型估计出参数值，从而没有相应的 MSD 值。

（4）Exp4：知识同质（OP）、固定匹配重复博弈的各模型估计结果

表 4.13 列出了分别使用模型 1、模型 2、模型 3、模型 5 和模型 6 拟合取得的均方差值 MSD。实验 Exp4 中每名被试都只确定地知道自己策略行动对应的支付（OP）。以其均值作为衡量标准，则模型 3（γ-加权信念）的 MSD 均值最小，但是对照表 4.14 可以发现，采用模型 3 能够估计得到参数值用于拟合被试行为的有 14 名，占 2/3。MSD 均值较小的模型 6 也有同样情况，将近 1/2 的被试 γ 值无法估

表 4.13 Exp4 中模型预测的 MSD 值

被试	模型 1: 强化学习	模型 2: 虚拟博弈	模型 3: γ-加权信念	模型 5: 最优响应	模型 6: EHOS
b1 - 1	0.195 1	0.125 2	0.031 4	0.375 4	0.028 4
b1 - 2	0.210 8	0.190 5	0.058 5	0.084 1	0.041 0
b1 - 3	0.172 5	0.133 0	0.009 7	0.023 5	0.026 3
b1 - 4	0.005 7	0.099 2	3.259 9E - 08	—	1.870 8E - 08
b1 - 5	0.020 3	0.059 2	—	0.004 1	2.781 0E - 04
b1 - 6	0.052 0	0.044 2	—	0.014 8	0.002 1
b2 - 1	0.054 7	0.072 9	5.442 7E - 08	0.006 0	2.871 2E - 05
b2 - 2	0.105 6	0.099 3	0.009 3	0.058 8	0.008 8
b2 - 3	0.029 9	0.068 4	—	0.026 1	2.478 1E - 04
b2 - 4	0.086 2	0.054 3	3.499 9E - 04	0.018 9	2.417 0E - 01
b2 - 5	0.037 1	0.066 2	0.003 2	0.008 6	9.912 6E - 04
b2 - 6	0.020 4	0.141 4	1.262 8E - 16	0.031 0	9.912 6E - 04
b3 - 1	0.102 5	0.076 3	5.672 6E - 05	0.035 6	0.004 0
b3 - 2	0.044 8	0.577 0	—	0.004 1	6.450 0E - 04
b3 - 3	0.050 7	0.086 0	2.874 3E - 05	0.018 3	3.009 0E - 04
b3 - 4	0.058 0	0.116 9	6.138 2E - 10	0.005 7	0.001 1
b3 - 5	0.114 3	0.049 4	0.026	0.123 2	0.020 1
b3 - 6	0.074 2	0.139 3	3.181 9E - 08	0.068 0	2.478 1E - 04
b3 - 7	0.005 7	0.016 0	—	0.010 6	1.586 0E - 04
b3 - 8	0.005 7	0.016 0	—	0.010 6	1.586 0E - 04
b3 - 9	0.005 7	0.016 0	—	0.010 6	1.586 0E - 04
Mean	0.069 1	0.107 0	0.009 9	0.047 0	0.018 0
Std. Dev	0.061 8	0.117 1	0.017 3	0.083 4	0.052 6

注释：表中“—”表示由于对手行动单一固定，无法根据模型估计出参数值，从而没有相应的 MSD 值。

出。模型5也有1/3的被试 γ 值无法估出。主要原因讨论如下：被试不知道同组中他人的策略行动对应的支付，从第一轮开始便选择“最保险”的行动——1，这也是最小努力协调博弈的基本特征，与本书关注的现实问题——住宅小区共享资源治理较为贴切。每一名被试都这样考虑，持续不变的行动选择更是将均衡锁定在低效率状态。而连续不断固定选择某一行动，就导致 γ-加权信念以及基于 γ-加权信念的模型无法得到 γ 估计值，因为对手行动选择不变，就与被试的 γ 值无关。

根据表4.14估计的模型3、模型5和模型6各个参数值，我们择要予以说明并以此为突破指出各个模型存在的问题。从根据模型3估计的各个 γ-加权信念值看，相对于采用AP设置的Exp1，普遍处于0.5周围。如理论部分讨论的那样，$\gamma=0$ 意味着被试每一轮都只针对上一轮对手选择做出自己的最优响应，即传统的Cournot动态；$\gamma=1$ 意味着被试遵循虚拟博弈描述的信念学习规则，博弈中的个体能够记住其对手以前的所有行动。γ 估计值的分布恰好处于这两种极端状况之间，因此可以推断，被试尝试通过记录对手有限的博弈历史，并对此作出响应。从根据模型5估计的各个 γ-加权信念值看，与模型3差别不大，最优响应系数 β 绝大多数都能估计得到，且值均大于1，表明每个被试都具备最优响应能力，但却无从获得关于对手支付的知识。在模型6的参数估计过程中，出现奇怪的现象，凡是无法估计得到 $\hat{\gamma}''$ 值的，能够估得的 $\hat{\alpha}$ 几乎都为1，表示被试无法预期他人如何学习；然而能够估得 $\hat{\gamma}''$ 值的，其估得的 $\hat{\alpha}$ 却相对较小，这与本书的假设不符，因为在OP设置下，被试不具备关于对手支付的知识，应该无法预期对手如何调整，即 $\hat{\alpha}=1$。可以做出的推断是，知识状态在博弈学习模型6中的表征尚待完善。

表 4.14 Exp4 数据估计的模型参数值

被试	知识状态	模型 3：γ-加权信念		模型 5：最优响应			模型 6：EHOS		
		$\hat{\gamma}$	Min *SSE*	$\hat{\gamma}'$	$\hat{\beta}$	*LL*	$\hat{\gamma}''$	$\hat{\alpha}$	Min *SSE*
b1 - 1	OP	0.760 0	2.089 9	2.340 0	5.450 0	-14.199 5	0.860 0	0.460 0	1.392 5
b1 - 2	OP	0.620 0	12.325 4	0.480 0	1.060 0	-23.571	—	0.000 0	7.679 2
b1 - 3	OP	0.800 0	3.998 8	0.800 0	2.100 0	-14.782 3	1.870 0	0.260 0	2.877 3
b1 - 4	OP	0.740 0	1.024 6	—	—	—	0.730 0	1.000 0	1.024 6
b1 - 5	OP	—	—	—	2.500 0	-6.701 9	—	0.000 0	0.314 0
b1 - 6	OP	—	—	—	2.000 0	-8.858 6	—	0.000 0	2.998 9
b2 - 1	OP	0.700 0	1.068 4	1.040 0	3.320 0	-11.149 7	0.600 0	0.660 0	0.838 0
b2 - 2	OP	0.770 0	0.992 8	2.480 0	3.150 0	-13.524 1	0.760 0	0.990 0	0.996 6
b2 - 3	OP	—	—	2.480 0	1.500 0	-10.826 2	—	0.000 0	1.819 5
b2 - 4	OP	0.860 0	0.509 6	1.300 0	5.100 0	-10.366 6	0.780 0	0.790 0	0.466 8
b2 - 5	OP	1.060 0	2.826 5	1.020 0	2.420 0	-10.874 8	—	0.000 0	1.665 3
b2 - 6	OP	0.360 0	4.979 4	0.320 0	1.400 0	-14.144 9	—	0.000 0	2.374 7
b3 - 1	OP	0.920 0	2.565 7	0.740 0	1.320 0	-15.029 1	0.800 0	0.400 0	1.940 0
b3 - 2	OP	—	—	—	2.500 0	-6.701 9	—	0.700 0	0.279 3
b3 - 3	OP	0.800 0	1.933	∞	1.700 0	-10.712 5	∞	0.450 0	1.273 8
b3 - 4	OP	0.600 0	1.233 5	0.580 0	2.330 0	-9.872 1	0.460 0	0.470 0	1.298 0
b3 - 5	OP	1.600 0	1.978	0.940 0	2.960 0	-11.896 5	1.940 0	0.800 0	1.839 9
b3 - 6	OP	0.680 0	6.020 7	0.460 0	0.920 0	-17.324 8	—	0.000 0	1.051 9
b3 - 7	OP	—	—	—	1.000 0	-2.858 6	—	0.200 0	0.255 3
b3 - 8	OP	—	—	—	1.000 0	-2.858 6	—	0.200 0	0.255 3
b3 - 9	OP	—	—	—	1.000 0	-2.858 6	—	0.200 0	0.255 3

注释：表中“—”表示由于对手行动单一固定，无法根据模型估计出参数值，从而没有相应的 MSD 值。

该实验设置阻碍了策略指导行为的发生，在被试行动选择中确实没有发现策略指导行为。

（5）Exp5：知识同质（AP）、固定匹配条件下的模型估计结果

表 4.15 是分别使用模型 1、模型 2、模型 3 和模型 6 拟合取得的均方差值 MSD，根据模型 5 无法估得相应参数值，故对参与博弈Ⅱ的被试，不再采用该模型。若以 MSD 均值作为衡量标准，则模型 3（γ-加权信念）优于其他模型，且标准差相对较小，参数的估计值较

为稳定。但从个体水平来看，模型 6 拟合预测的 MSD 值小于模型 3 的被试较多。在接下来对参数估计值的分析中，我们将会注意这一点：从整体水平上看，模型 3 的拟合效果更好，从个体水平上看，模型 6 拟合效果好一些。

表 4.15　Exp5 中模型预测的 MSD 值

被试	模型 1：强化学习	模型 2：虚拟博弈	模型 3：γ-加权信念	模型 6：EHOS
d1 - 1	0.195 4	0.232 4	*0.006 0*	0.010 0
d1 - 2	0.177 5	0.293 7	*0.067 6*	0.085 3
d1 - 3	0.209 6	0.260 4	0.079 0	*0.044 1*
d1 - 4	0.151 5	0.328 8	0.145 0	*0.129 6*
d1 - 5	0.075 0	0.190 1	*0.047 4*	0.055 4
d1 - 6	0.154 7	0.377 9	*0.009 4*	0.029 4
d1 - 7	0.061 8	0.426 8	0.035 7	*0.026 0*
d1 - 8	0.174 8	0.233 6	0.075 6	*0.048 7*
d1 - 9	0.161 3	0.253 0	0.050 5	*0.017 0*
d1 - 10	0.179 3	0.244 7	0.048 9	*0.046 8*
d2 - 1	0.133 8	0.243 9	0.070 6	*0.050 1*
d2 - 2	0.144 1	*0.099 0*	0.227 6	0.193 8
d2 - 3	0.179 5	0.272 7	0.014 2	*0.008 2*
d2 - 4	0.195 4	0.292 1	0.017 0	0.980 7
d2 - 5	0.136 6	0.426 6	0.073 2	*0.062 7*
d2 - 6	0.174 1	0.236 8	0.097 7	*0.048 0*
d2 - 7	0.191 2	0.358 9	*0.058 7*	0.076 4
d2 - 8	0.107 6	0.331 3	0.018 5	*0.016 7*
Mean	0.155 7	0.283 5	0.063 5	0.107 2
Std. Dev	0.040 8	0.082 2	0.054 0	0.222 7

据表 4.16 给出用 Exp5 的 18 名被试相关数据，分别估计模型 3 和模型 6 所得各参数值。先看模型 3 的参数估计值，成为指导者的 a1 - 5、a2 - 1、a2 - 5 和 a2 - 8 的 $\hat{\gamma}$ 值较接近于 1，表明其信念更新规则中关于对手历史行动的那一部分较接近于虚拟博弈，能记住对手以前所有行动，其中两名成功的指导者 a1 - 5 和 a2 - 1 的 $\hat{\gamma}$ 值相对较小。

表 4.16 Exp5 数据估计的模型参数值

被试	知识状态	模型 3：γ-加权信念		模型 6：EHOS		
		$\hat{\gamma}$	Min *SSE*	$\hat{\gamma}''$	$\hat{\alpha}$	Min *SSE*
d1 - 1	AP	1.400 0	0.876 4	1.340 0	0.640 0	0.667 0
d1 - 2	AP	1.100 0	2.787 0	0.940 0	0.540 0	2.467 7
d1 - 3	AP	1.140 0	4.097 0	1.280 0	0.340 0	2.286 0
d1 - 4	AP	0.840 0	5.337 9	0.860 0	0.500 0	4.652 5
d1 - 5	AP	0.600 0	4.921 5	0.440 0	0.560 0	4.140 6
d1 - 6	AP	0.820 0	5.518 1	0.820 0	0.650 0	4.821 0
d1 - 7	AP	1.420 0	3.346 1	1.700 0	0.720 0	3.211 5
d1 - 8	AP	1.960 0	2.733 8	9.100 0	0.350 0	1.681 8
d1 - 9	AP	0.940 0	5.436 6	0.620 0	0.240 0	2.040 0
d1 - 10	AP	1.140 0	5.231 3	1.160 0	0.760 0	5.152 0
d2 - 1	AP	0.940 0	2.777 8	1.080 0	0.450 0	1.610 6
d2 - 2	AP	1.500 0	1.693 3	1.460 0	0.680 0	1.638 7
d2 - 3	AP	0.820 0	1.401 9	0.860 0	0.720 0	0.928 6
d2 - 4	AP	0.880 0	1.717 3	0.770 0	0.520 0	0.980 7
d2 - 5	AP	1.040 0	4.419 3	1.050 0	1.000 0	4.420 3
d2 - 6	AP	0.780 0	3.793 4	0.640 0	0.280 0	1.702 6
d2 - 7	AP	0.900 0	4.930 0	0.720 0	0.490 0	4.003 1
d2 - 8	AP	1.080 0	0.825 2	1.100 0	0.920 0	0.818 4

在模型 6 表示个体“后顾”特征的参数 $\hat{\gamma}''$估计值中，成为指导者的 a1 - 5 较小（信念更新较快），a2 - 1、a2 - 5 和 a2 - 8 的 $\hat{\gamma}''$值较接近于 1。相应的，成功的指导者 a1 - 5 和 a2 - 1 的 $\hat{\gamma}''$值相对较小。

总体来说，参与 Exp5 的被试信念形成过程中，对手博弈历史行动所占权重较大，相应的信念更新较为迟缓，导致博弈无法收敛。在 18 名被试组成的 9 组中只有存在指导者的两组被试收敛到唯一纯策略纳什均衡。这说明，策略指导能够促进收敛，但作为追随者的信念更新能力也非常重要。

（6）Exp6：知识异质、固定匹配条件下的模型估计结果

该实验引入了知识异质性设置，使得部分行参与者只知道自己

策略和行动对应的支付，而不知道对手的决策知识，这样就无法计算所参与博弈的纳什均衡，更无法预测对手可能的响应。这一设置和 Exp2 相同，但被试参与的是两人唯一纯策略纳什均衡。

表 4.17 是根据参与 Exp6 的 20 名被试相关数据，分别使用模型 1、模型 2、模型 3 和模型 6 拟合得到的均方差值 MSD。以 MSD 均值作为衡量标准比较，模型 6（EHOS 模型）要优于其他模型，更能够解释参与该实验的被试真实行为表现，大部分被试通过模型 6 拟合算得的 MSD 值要比其他模型低，拟合效果得到改善。但是从参数值上仍无法区分 AP 和 OP 被试的行为特征差异。因此，本书将实验设定的 AP 和 OP 两类参与者分开比较拟合效果。（见表 4.18）结果显示，在 AP 被试的数据拟合效果模型 6 最优，而 OP 被试的拟合效果模型 3 较优。这表明只具备自身策略支付知识的 OP 被试无法形成关于对手如何学习的预期，而同时具备双方决策知识的 AP 被试老练于信念更新过程，在信念形成过程中不但关注对手历史行动，而且将较大权重赋予关于对手将如何学习、调整策略的预期和思考。

表 4.17　Exp6 中模型 1、模型 2、模型 3 和模型 6 预测的 MSD 值

被试	模型 1：强化学习	模型 2：虚拟博弈	模型 3：γ-加权信念	模型 6：EHOS
c1 - 1	0.169 0	0.261 8	0.063 7	*0.027 2*
c1 - 2	*0.155 9*	0.566 1	0.218 9	0.193 7
c1 - 3	0.178 7	0.466 7	0.130 7	*0.117 8*
c1 - 4	0.175 7	0.241 2	0.026 3	*0.021 2*
c1 - 5	0.150 9	0.416 1	*0.058 6*	0.081 7
c1 - 6	0.159 2	0.241 3	0.030 1	*0.020 0*
c1 - 7	0.174 3	0.302 5	0.050 3	0.039 3
c1 - 8	0.171 5	0.374 0	*0.136 2*	0.202 9
c1 - 9	0.164 5	0.434 7	0.074 6	*0.063 9*
c1 - 10	0.133 1	0.340 8	0.011 4	*0.025 8*
c2 - 1	*0.155 1*	0.217 3	0.216 5	0.164 8
c2 - 2	0.186 1	0.223 8	0.031 5	*0.026 3*

续表 4.17

被试	模型 1：强化学习	模型 2：虚拟博弈	模型 3：γ-加权信念	模型 6：EHOS
c2－3	0.146 0	0.280 0	*0.044 7*	0.053 5
c2－4	0.179 4	0.310 7	0.064 2	*0.055 0*
c2－5	0.183 4	0.301 0	0.045 2	0.047 3
c2－6	0.146 5	0.214 5	*0.064 4*	0.064 6
c2－7	0.117 6	0.264 8	0.026 3	*0.025 2*
c2－8	0.123 6	0.252 1	*0.002 3*	0.014 2
c2－9	0.172 3	0.277 5	0.045 9	*0.045 5*
c2－10	0.176 4	0.271 3	0.130 6	0.102 9
Mean	0.161 0	0.312 9	0.073 6	0.069 6
Std. Dev	0.019 7	0.094 0	0.061 8	0.057 9

表 4.18　Exp6 数据估计的模型 3 和模型 6 的参数值

被试	知识状态	模型 3：γ-加权信念		模型 6：EHOS		
		$\hat{\gamma}$	Min *SSE*	$\hat{\gamma}''$	$\hat{\alpha}$	Min *SSE*
c1－1	OP	1.140 0	2.164 6	1.200 0	0.600 0	1.370 3
c1－2	AP	0.680 0	5.179 9	0.660 0	0.800 0	4.990 6
c1－3	OP	1.040 0	1.029 3	1.040 0	0.940 0	1.053 1
c1－4	AP	1.040 0	3.557 9	1.080 0	0.700 0	3.357 4
c1－5	OP	1.560 0	3.635 1	1.320 0	0.480 0	2.852 4
c1－6	AP	0.980 0	3.190 2	1.020 0	0.470 0	2.114 0
c1－7	OP	0.860 0	1.973 9	0.820 0	0.780 0	1.732 9
c1－8	AP	1.860 0	6.162 9	7.160 0	0.400 0	5.765 1
c1－9	OP	1.280 0	4.485 3	1.280 0	1.000 0	4.485 3
c1－10	AP	1.230 0	3.511 3	1.500 0	0.580 0	2.819 6
c2－1	OP	0.780 0	4.563 0	0.780 0	0.400 0	3.397 3
c2－2	AP	0.980 0	2.681 1	0.980 0	0.910 0	2.665 2
c2－3	OP	0.920 0	2.099 3	0.860 0	0.750 0	1.806 7
c2－4	AP	1.020 0	1.809 4	1.020 0	1.000 0	1.805 4
c2－5	OP	0.940 0	3.364 1	1.160 0	0.580 0	2.715 5
c2－6	AP	0.980 0	2.305 6	0.940 0	0.560 0	1.786 8
c2－7	OP	0.760 0	3.893 6	0.890 0	0.420 0	1.549 2
c2－8	AP	1.260 0	0.645 5	1.350 0	0.440 0	0.534 9
c2－9	OP	1.420 0	1.526 5	2.300 0	0.630 0	0.045 5
c2－10	AP	0.820 0	1.608 2	0.780 0	0.840 0	1.490 3

然而，问题是处于同一组、参与同一个博弈的是 AP 和 OP 两名被试，因此增加了协调的困难，使得第 10 组被试无一收敛。

（7） Exp5. 3 和 Exp7. 3：与计算机博弈的被试参数估计

Exp5. 3 中有 8 名被试作为行参与者，与设定为指导者的计算机组队（被试不知道这一事实），参与博弈Ⅱ；Exp7. 3 中有 10 名被试作为行参与者，与设定为指导者的计算机组队（被试也不知道这一事实），参与博弈Ⅲ。由于作为指导者的计算机总是固定选择一个纳什均衡行动，因此无法估计出 γ-加权信念，因而模型 3、模型 5 和模型 6 失效。

表 4. 19 显示了运用模型 1 和模型 2 拟合 Exp5. 3 和 Exp7. 3 各个被试行动的 MSD，表 4. 19 中的比较结果很显然：模型 1（强化学习模型）的拟合效果优于模型 2。作为指导者的计算机自始至终坚定不移地选择其纳什行动，实际上是给作为追随者的被试一种强化。被试通过强化进行学习：如果一个行动导致了奖赏（正的产出），那么在未来行动中，这个行动的频率就会增加。如果一个行动导致了惩罚（负的产出），那么这个行动的频率就会下降；导致相对高支付的行动，选择该行动的概率将会增加。强化学习基于各种可能行动的一个初始行动频率分布，在本书中假设初始强度假定为 0。

表 4. 19　Exp5. 3 和 Exp7. 3 中模型 1、模型 2 预测的 MSD 值

Exp5. 3			Exp7. 3		
被试编号	模型 1：强化	模型 2：虚拟	被试编号	模型 1：强化	模型 2：虚拟
d2 - 1	*0. 018 4*	0. 108 1	e1	0. 036 8	*0. 030 5*
d2 - 2	0. 096 3	*0. 047 6*	e2	*0. 011 1*	0. 028 7
d2 - 3	0. 203 1	*0. 051 8*	e3	*0. 071 6*	0. 536 4
d2 - 4	*0. 117 7*	0. 516 0	e4	*0. 089 4*	0. 269 8
d2 - 5	0. 203 1	*0. 031 8*	e5	0. 137 0	*0. 135 0*
d2 - 6	*0. 011 1*	0. 577 4	e6	*0. 055 2*	0. 121 6
d2 - 7	0. 307 9	*0. 004 4*	e7	*0. 028 3*	0. 532 6
d2 - 8	*0. 039 9*	0. 465 4	e8	*0. 080 1*	0. 575 3

续表 4.19

Exp5.3			Exp7.3		
被试编号	模型 1：强化	模型 2：虚拟	被试编号	模型 1：强化	模型 2：虚拟
			e9	*0.067 1*	0.489 5
			e10	*0.100 6*	0.188 0
Mean	0.124 7	0.225 3	Mean	0.067 7	0.290 7
Std. Dev	0.105 6	0.247 2	Std. Dev	0.037 1	0.221 0

如上述几个部分所讨论的，Exp5、Exp5.3 和 Exp7.3 的数据无法估计得到 γ-加权信念，因此本书使用整个实验组中被试的数据估计得到 EWA 模型的 8 个参数，从整体层面上考察是否能够用于解释其他模型尚无法解释的行为特征。具体估计结果见表 4.20，并不理想（估计值显著偏低，甚至接近于 0）。就少数几个符合模型假定的参数估计值，可以做出解释。

参数 φ 表示对过去行动吸引的衰减，反映了当学习环境不断变化时，由于遗忘或对旧经验的故意放弃而导致的上一期吸引力的衰减。两个实验组的取值约为 0，是特例。参数 λ 表示被试对不同吸引的敏感程度，两个实验中 λ 取值较大，说明被试行动将会收敛到吸引值高的策略。参数 δ 衡量过去经验在信念形成中的重要程度，ρ 决定了吸引的增长率，且影响被试行动的收敛速度。两个实验组的取值约为 0。

表 4.20　Exp5.3 和 Exp7.3 数据估计模型 4（EWA）的参数

参数	Exp5.3	Exp7.3
φ	4.461 7e-41	1.123 5e-14
δ	5.569 3e-36	7.916 0e-17
ρ	2.781 5e-47	6.465 4e-13
λ	10.382 3	22.751 5
A1（0）	0.353 4	0.762 5
A2（0）	0.357 3	0.034 9
A3（0）	-20 934 275	-31 664 637
N（0）	1.000 0	0.999 9
LL	5 083.406 7	5 741.916 4
MSD	0.124 4	0.151 4

综上，在 Exp5.3 和 Exp7.3 中，$N(0)=1$，$\rho=\delta=0$，模型退化为 Roth-Erev 累积强化学习模型。此时，$N(t)=N(0)=1$，对于每一期的经历都赋予了相等的、值为 1 的权重；$A_i^j(t)=\varphi\cdot A_i^j(t-1)+I(s_i^j,s_i(t))\cdot\pi_i(s_i^j,s_{-i}(t))$，当期的参与者 i 对策略 j 的吸引为"上一期所记住的自己对策略 j 的吸引"与"当期自己实际获得的支付"之和。这与表 4.19 估计的结果一致。

4.7 小结

基于第 4.3 节的理论模型探讨和提出的理论命题，本章具体细化了各个理论要点，借鉴实验经济学和行为经济学的实验室控制实验，尝试在 z-Tree 实验平台上设计博弈学习实验，检验理论模型中推演出的若干命题和假设，并回答转型期中国的一些现实问题，即共享资源治理转型中的个体学习和知识演化机制。

具体地，本章主要研究了三人多重纯策略纳什均衡博弈、两人唯一纯策略纳什均衡博弈和两人多重纯策略纳什均衡博弈等三类重复场景下的老练和策略指导行为、个体信念和决策规则调整，特别是知识异质性对于上述行为的作用机理。基本涵盖了现有关于策略指导行为研究所进行的实验设置。策略指导行为最初在三人最小努力博弈的实验研究中发现，目前的研究工作集中在两人博弈中。明确了老练学习和适应学习的区别，老练学习并不一定会采取策略指导行为，策略指导也不是博弈收敛、协调成功的必要条件。

本书首次尝试引入搭档组队的被试具有不同知识状态——知识异质性参与者的博弈互动协调机制，并在实验过程中运用信念诱导方式获得参与者关于搭档行动选择的主观信念，尽可能多地保留这一概率判断的主观性，与通过已有学习模型迭代得到的个体信念相比较分析。据此考察知识异质性状态中的老练和策略指导行为，及其对博弈均衡收敛的作用原理。进一步还可以研究所在群体中各个类型个体所占的比例，实际上也就是参与人与各类个体相遇的比例，或者说就是对手采取可选策略集中策略的比例（混合策略）——参与人对所在群体各个策略比例的一个预期，预期对手将如何行动、并将如何依据自身和对手的选择、支付形成信念从而做出行动。

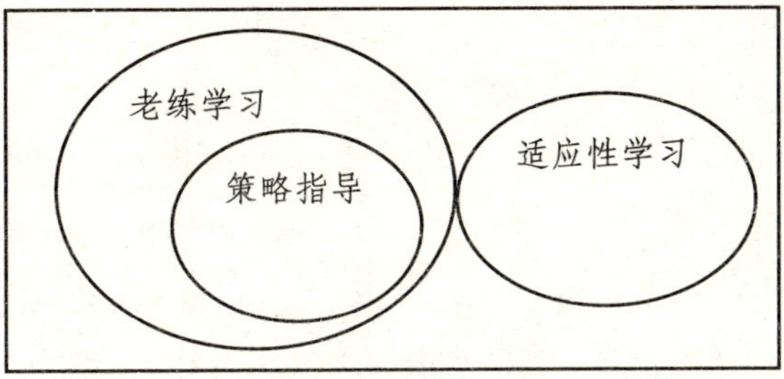

图 4.22　个体间学习方式的关系概括

5 问题的解决及启示

本书经过由住宅小区共享资源治理转型引出的现实问题出发，归纳整理成关于知识异质性个体间协调互动策略指导和知识习得行为这一理论问题。通过对现有学习模型的综合整理，用于考察本书提出的问题，并尝试用实验室控制实验获得相关数据，检验上述理论模型和假设。

在作为结论的最后一章，内容安排如下：对本书所做的实验或理论研究工作取得的结论进行总结，尤其是在实验结果之后对应到现实问题中的经济含义；介绍笔者认为本研究不同于已有研究的几个创新点，本研究存在的不足和困难，最后为整项研究结束后得到的启发和对后继工作的展望。

5.1 由理论假设到实验检验的主要结论

通过三类重复协调博弈的实验数据，本书检验得到：

5.1.1 两人 3×3、三人 3×3×3 博弈中均不同程度地存在策略指导行为

在两人 3×3 纯策略纳什均衡博弈、三人 3×3×3 博弈，均存在显著的策略指导行为——参与人在较快认识到所参与博弈的均衡行动后，不间断地选择自己的纳什行动，而不顾对于自己形成的信念

来说该行动并非最优响应。但在本书实验中出现策略指导行为的频数并不高。

存在策略指导行为的被试组收敛可能性显著高于不存在策略指导行为的被试组。知识异质被试组发生策略指导可能性显著低于知识同质的被试组。在存在策略指导行为的被试组中，知识异质设置下的被试组收敛（指导成功）可能性显著低于知识同质的被试组。

同一组参与者规模增大，使得策略指导对博弈均衡收敛的促进作用减弱。在三人 3×3×3 博弈中，策略指导的促进作用较两人 3×3 博弈明显减弱。

策略指导行为能够促进博弈收敛，但并非博弈收敛的必要条件。

5.1.2 参与者采取策略指导行为的动机（激励）

成功的指导者得到的支付显著比未收敛者多。成功指导者的支付总额显著低于追随者（适应性学习者）。在成功收敛的被试组中，追随者相对较快更新信念、做出的最优响应次数较指导者要多，从而支付也要高于指导者。

策略指导行为存在风险，因为一旦遇到的对手信念更新过于迟缓，不清楚指导者的意图所在，导致博弈协调失败，那么指导者将要承担一定的损失，得到的支付低于未收敛者（或协调失败者）。这也是在本书实验中较少出现策略指导行为的原因所在。但在部分实验设置中没有发现这一显著性差异。

5.1.3 知识异质性、信念和决策规则调整的学习过程

（1）知识同质（AP）、固定匹配条件下重复博弈的实验数据显示：

- EHOS 模型的拟合效果最优，即能够同时体现个体“前瞻”和“后顾”特征的 EHOS 模型相对其他模型更能体现被试的

信念形成和决策过程，与强化学习模型、虚拟博弈学习模型和 γ-加权信念模型比较，拟合效果显著改善。

- 成为指导者（无论成功或者失败）的被试老练于信念更新过程，在信念形成能够过程中不但关注对手历史行动，而且使用关于对手最近一轮支付的知识，将较大权重赋予关于对手将如何学习、调整策略的预期和思考。老练于信念更新过程的被试更容易达成互相间的协调一致。
- 能够预期对手如何学习、调整策略的老练学习者，并不一定能够成为采取策略指导以影响对手调整信念的指导者。

（2）知识异质、固定匹配条件下重复博弈的实验数据显示：

- 引入了知识异质性设置，使得部分行参与者只知道自己策略和行动对应的支付，而不知道对手的决策知识，这样就无法计算所参与博弈的纳什均衡，更无法预测对手可能的响应。
- EHOS 模型的拟合效果最好，表明个体信念形成和决策过程兼具“前瞻”和“后顾”特征。其中，处于知识劣势（OP）的个体由于不具备关于对手将要如何盘算、得到多少支付的决策知识，无法预期对手行动、并依此预期做出自己的行动选择。处于知识优势（AP）的个体在信念形成过程中不但关注对手历史行动，且将较大权重赋予关于对手将如何学习、调整策略的预期和思考。
- 成功协调到高效率均衡的个体都老练于信念更新过程，因为他们更容易达成互相间的协调一致，且具备双方决策知识的条件下更易于达成稳定预期。

（3）知识同质（AP）、随机匹配条件下重复博弈的实验数据显示：

- 引入参与者之间每轮博弈行动都重新随机组队的匹配方式，使得个体无法预期随机相遇的对手将如何学习，阻碍了策略指导行为的发生。
- 强化学习模型的拟合效果最优。参与者在每轮博弈都重新组合，意味着每一轮遇到的对手都可能是第一次并可能是只打一次交道，如此巨大的不确定性迫使被试无法再做出“前瞻”和“后顾”型的老练学习，而只能艰难地随机应变，服从强化学习规则——导致相对高支付的行动，被试选择该行动的概率将增加；如果强化消失了——得到相应较低的支付，导致该强化的行动也将逐渐消失，如果由于不满意的结果而导致被放弃的行为又重新在个体经历中导致了正产出，那么，这些行动很快就会被再次纳入到个体的行动策略集中。

(4) 知识同质（OP）、固定匹配重复博弈的实验数据显示：

- 5 个模型估计结果均不理想，部分被试数据根据模型无法估得参数值。所有被试均不知道同组中他人的策略行动对应的支付，从第 1 轮开始便选择效率最低但最保险的行动。每一名被试都这样考虑，持续不变的行动选择更是将均衡锁定在低效率状态。连续不断固定选择某一行动导致无法估计模型参数值。
- 估得的参数 γ-加权信念说明被试尝试通过记录对手有限的博弈历史，并对此作出响应。根据最优响应模型估得的参数值，表明每个被试都具备最优响应能力，但却无从获得关于对手支付的知识。在 EHOS 模型的参数估计过程中，发现被试无法预期他人如何学习，显然是处于知识劣势之故。

- 该实验设置阻碍策略指导行为的发生，在被试行动选择中没有发生策略指导行为。

（5）知识同质（AP）、与计算机固定匹配重复博弈的实验数据显示：

- 强化学习模型拟合效果最优。作为指导者的计算机自始至终坚定不移地选择其纳什行动，实际上是给作为追随者的被试一种强化。被试通过强化进行学习：如果一个行动导致了奖赏（相对高的支付），那么在未来行动中，这个行动的频率就会增加；如果一个行动导致了惩罚（相对低的支付），那么这个行动的频率就会下降。

使用整个实验组所有被试的数据估计得到EWA模型的8个参数，估计结果并不十分理想，但参数值表明模型退化为成为EWA的Roth-Erev累积强化学习模型。这与上述结果一致。

5.2 照应现实问题可能的解决方案

改革开放后，与计划经济体制对应的生活方式一去不复返，在越来越多的领域内需要每一位社会成员独立承担权利、责任和义务，这个逐渐转型的过程，要求处于其中的成员必须学习如何和他人进行交易、协调、合作等新知识。

本书从个体信念和决策规则调整的角度提出了不同于新古典理论的一种可能性，从而在理论上为中国社会转型提供了另一种解释。我们处于North指出的“非各态遍历的”世界，尤其是转型期的中国，面临的不确定性如此巨大，具有诸多的可能演化状态。何去何从有赖于社会成员的信念和决策规则不断调整、决策知识的不断更新，以及他们共享的信念系统或者说知识。根据本研究，笔者认为至少可以做如下几个判断：

（1）作为治理主体的业主需习得新知识

作为住宅小区共享资源局部治理制度的微观单元，业主的知识（观念）更新是决定该项制度变迁成败的关键所在。

从计划到市场的转型中，会有越来越多需要每个社会成员学会自主决策的事务、更新相应的决策知识。在政府从财政上退出对这一领域的供给之后，在信念更新过程中，业主将逐渐意识到作为治理主体地位，激发局部的公共参与精神，参与到住宅小区共享资源治理中。

（2）注意策略指导行为的强化效应

政府表现出其退出供给的不可置信性——当在已经宣布退出的公共服务领域出现供给危机时，面临媒体报道、业主的依赖心理发泄，为避免“群体性事件”出现，又转而出面供给，这样实质上是强化了业主完全依赖政府的信念，阻碍了业主尝试新策略、获得新知识——自我合作治理的集体行动发生。

上述现象在本书实验中得到了可靠的支持，将政府一次次的出面供给视作对业主的策略指导，给作为追随者的业主强化：导致相对高支付的行动，被试选择该行动的概率将增加；如果强化消失了——得到相应较低的支付，导致该强化的行动也将逐渐消失，如果由于不满意的结果而导致被放弃的行为又重新在个体经历中导致了正产出，那么，这些行动很快就会被再次纳入到个体的行动策略集中。

（3）政府自身的结构转型

从追求整体性、指令化的全能型政府到转向民主、法治、重视局部自主治理和负责任的现代政府，需要清晰明确政府部门、市场中的企业、作为消费者的业主，各自的权利、责任和义务。使企业（包括房地产开发商、物业服务企业）成为纯粹的企业，能够在市场中自由竞争，让消费者自己做出选择。

作为住宅小区共享资源外部主体的政府，能够做的是为业主自我治理制订相关法律法规，从制度上为共享资源自我治理扫清障碍，允许公民多渠道参与公共管理；积极实现从管理到服务的职能转变，为业主间的交流提供自由开放的信息平台，支持各个城镇、各个住宅小区之间的治理经验交流。

保护业主各项权利，稳定业主对自身财产的预期、业主对同一小区其他业主行为选择的预期，使同一个小区的业主能够在“知识完备、固定匹配的重复博弈”环境中互相协调，完成共享资源的有效维系。

这样，有利于业主学习过程中信念的加速更新，尽快习得新的决策知识，以期形成一个良性的反馈循环，促进住宅小区业主自发的治理模式创新。

现实中可能是这样一种情况：转型永远没有达到绝大多数理论所预设的西方文明环境下市场制度所对应的行为模式。但值得注意的是，如汪丁丁[156]所提醒的，关注大范围的制度变迁问题，制度竞争问题尤其重要，因为“解剖麻雀”和“由点到面”的制度实验方法可能会失效。

5.3 本书研究的创新点

在“经验现象—理论问题—抽象模型—博弈实验—现实”的研究过程中，本书创新点主要体现在如下几处：

(1) 将知识学习行为嵌入在社会经济转型过程中考察。住宅小区共享资源治理问题，在经典文献中属于公共物品和集体行动理论范畴。针对转型期经济的特殊性，本书率先从微观主体认知状态和学习行为角度考察这一特殊的公共物品的治理转型问题，研究个体认知状态调整、知识习得与制度转型的内在关联，强调个体信念调整、知识更新重于制度转型。整合当前个体层面的学习模型，用于探讨个体间协调互动、完成共享资源治理转型的过程。

（2）系统研究重复协调博弈中的策略指导行为。将策略指导研究从两人 3×3 协调博弈拓展到三人 3×3×3 最小努力协调博弈，重点考察知识异质性与策略指导行为发生的关联，适应性学习、老练学习和策略指导行为的关系，并分析策略指导行为发生的动机（激励）和风险。

（3）学习理论模型的实验表征。首次在博弈实验中引入知识异质性设置，并将参与同一博弈的同组被试双方知识状态设置差异，考察不同知识状态下的行为表现。将与被试博弈的另一方用固定选择纳什均衡行动作为策略指导的计算机代替，考察被策略指导的被试信念调整过程。将三人 3×3×3 最小努力协调博弈转化成形同两人 3×3 的记录形式，便于博弈学习模型的参数估计和拟合效果评价。用实验记录界定了 EHOS 模型的三类不同行动：往前推算一步的“Level 1”行动、往前推算两步的“Level 2”行动和不做换位思考、随机决策的“Level 0”行动。

5.4 个体行为研究的启示

人生是试错，整个人类社会变迁何尝不是一个不断试错的过程。“观念”[①] 的更新比正式制度的建立更加重要、更加困难。在与经济绩效相关联的社会治理制度、交易习惯等行为模式的研究范式中，从一开始的资本、土地等以物为主的资源约束，到制度约束，及至以人为主的企业家精神的知识约束，这一过程同时体现了社会发展和学术研究的探索性质。坚持有限理性假设和不确定性假设，North 新近的研究再次强调，制度创新是长期经济成长的主要因素，而更为关键的是决定制度创新的人的因素——在“非遍历”世界用以应

① “观念”一词是日常生活及口头交流中使用最普遍广泛的，但在管理学、经济学语境中究竟如何界定，一时难以尽数。在这里，我们暂理解为一系列个体所持信念、决策规则和行为模式，似较恰当。

对广义不确定性的信念系统：一旦形成的信念与人们的目标不一致，人们会不断地调整已有的信念和经验[157]。

将主观知识引入博弈论考察范围，是几代博弈理论家的不懈努力、尝试达到的目标，但是鲜有被学界认可的成果。博弈论是一个封闭性的系统，在这一理论体系中，个体的主观性特征，如创新性，与其公理化体系有着天然的不兼容性。研究者将个体主观特征纳入博弈论考察范畴的尝试，都被排斥在主流博弈论之外，这也并非经典博弈论理论家排斥这一考虑，而是其公理化体系容不得这一无法形式化表述的个体主观特征。

Aumann 早在 1976 年便从个体间信念一致性的角度提出“共同知识”这一概念，论证具有不同的信息集的个体间不会产生交易。之后又给出了公理化证明，这又不可避免地增进了其可操作性，降低了其解释力。作为一个自称“不安分的经济学家”，Schelling 在文献［135］中讨论了关于个体动机、行为与其所带来的总体结果之间的相互关系：总体行为不仅仅是个体行为的简单加总，社会成员为何对他们的单独行动所产生的集体后果视而不见。并说明“为何从群体现象中推导个人意愿的尝试是一种投机取巧的行为”这一方法论问题。

再如，重复博弈实验中的信念诱导程序，如 Quadratic Scoring Rule，显然，它的标准是单一维度的，即参与者关于对手行动的主观概率判断（信念）的“准确性”与其将要得到的货币支付直接挂钩，这一处理的目的是让参与者说真话，但是使自己的货币支付最大化是否就会说真话？在文献中其实假设了肯定的答案，即它要求个体要获益就必须准确预测对手的行动，而我们知道这其实是让参与者勉为其难了，是不允许他们犯错——这与重复博弈中的学习调整尚有距离，因为引入信念学习调整，就是为了将个体的理性假设要求降低，更符合现实中的情形。——相反如果按照学习理论，只要报告出个体的真实信念，哪怕与对手实际行动相差万里，这也仅是参与者的主观概率判断，与准确性无关。但是问题又来了，我们如何知道参与者报告了真实信念，所以将支付与报告信念直接挂钩衡量是一种诱导参与者说真话的方式，但还远没有达到我们要求的程度，所以从这个意义上说，利用现代科技的先进手段，如脑成像和神经生物学技术，去看个体真实的思维状态和行为调整机制，值得提倡。新兴的神经经济学就是这一研究分析进展的代表。

典型地，如果我们用奥地利学派的思想来要求博弈论这一分析工具的话，它多少显得苍白：形式化工作做得再精致完美，也无法包容自生自发的多样性，体现奥地利思想家们终其一身为之辩护的基于主观知识、时间和过程的多样性原则。个体具有利用可得知识形成判断和进行决策的能力，大量决策活动都是在信息不完全、有不确定性的场景下发生，个体应对这些不确定性及风险的能力基于现有知识存量（包括知识传统和广义的制度）进行判断决策、预测。

进一步研究工作的要点，粗略归纳如下：一是个体学习模型的进一步拓展。由实验可知，个体在不同场景（博弈结构）下的学习行为具有明显区别，现有学习模型只能解释一部分博弈结构下的信念和决策规则调整过程，在不同博弈和不同参与人数目的场景下的学习调整行为模型有待继续丰富。二是群体层面的集体行为。所在群体中各个类型个体所占的比例，实际上也就是参与人与各类个体相遇的比例，或者说就是对手采取可选策略集中策略的比例——对所在群体各个策略比例的一个预期，预期对手将如何行动、并将如何依据自身和对手的选择、支付形成信念从而做出行动。考察融合比例如何演化，从群体层面，赋予各种学习规则，如何达成转型。

参考文献

[1] 梁启超．饮冰室合集（第二册）[M]．北京：中华书局，1989.

[2] 朱宪辰．共享资源制度安排 [M]．北京：经济科学出版社，2005.

[3] 李泽厚．启蒙与救亡的双重变奏 [A]．李泽厚十年集（第三卷下）[M]．北京：东方出版社，1987：17－44.

[4] 汪丁丁．知识沿时间和空间的互补性以及相关的经济学 [J]．经济研究．1997（6）：70－78.

[5] 费孝通．乡土中国 [M]．北京：北京大学出版社，1998.

[6] 林毓生．中国传统的创造性转化 [M]．北京：生活·读书·新知三联书店，1994.

[7] 道格拉斯·诺思．理解经济变迁过程 [M]．北京：中国人民大学出版社，2008.

[8] 张宇燕，何帆．由财政压力引起的制度变迁 [A]．盛洪，张宇燕．从计划经济到市场经济 [C]．北京：中国财政经济出版社，1998.

[9] 苏明．中国财政赤字的现状与政策取向 [J]．西部论丛，2002（1）：27－32.

[10] 李斌．中国住房改革制度的分割性 [J]．社会学研究，2002（2）：80－87.

[11] Krueger，A. O. Institutions for the New Private Sector [A]. *The Emeregence of Market Economy in Central and East Europe*，Blackwell Publisher，Cambridge，MA，1992.

[12] 中国战略与管理研究会社会结构转型课题组．中国社会结构转型的中近期

趋势与隐患 [J]. 战略与管理，1998 (5)：101 - 104.

[13] 张木生. 中国公共财政的困境 [J]. 战略与管理，2001 (2)：101 - 104.

[14] 程晓农. 转型中的中国经济体制 [J]. 战略与管理，2000 (6)：115 - 117.

[15] 青木昌彦. 比较制度分析 [M]. 上海：远东出版社，2001.

[16] 朱宪辰，黄凯南. 基于生物学基础的行为假设与共同知识演化分析 [J]. 制度经济学研究，2004 (4)：65 - 88.

[17] Hardin, Garrett. The Tragedy of the Commons [J]. *Science*, 1968, 162: 1243 - 1248.

[18] 朱宪辰，章平，黄凯南. 共享资源治理转型过程中个体认知状态的实证研究 [J]. 经济研究，2006 (12)：101 - 113.

[19] Friedman, M. *Essays in Positive Economics* [M]. University of Chicago Press (1953), 1970: 3 - 43.

[20] Akerlof, George A. The Market for "Lemons": Quality Uncertainty and the Market Mechanism [J]. *The Quarterly Journal of Economics*, 1970, 84 (3): 488 - 500.

[21] 汪丁丁. 知识的经济学性质 [J]. 读书，1995 (12)：57 - 62.

[22] Tamborini, R. Knowledge and economic behaviour: A constructivist approach [J]. *Journal of Evolutionary Economics*, vol. 7, 1997 (1): 49 - 72.

[23] 马克斯·H·博伊索特. 知识资产：在信息经济中赢得竞争优势 [M]. 上海：上海人民出版社，2005：14 - 15.

[24] 张茉楠. 从有限理性到适应性理性 [J]. 经济社会体制比较，2004 (6)：79 - 84.

[25] Brenner, Thomas. Agent Learning Representation: Advice on Modelling Economic Learning [A]. Leigh Tesfatsion & Kenneth L. Judd (ed.), *Handbook of Computational Economics*, Elsevier, 2006, 2, chapter 18: 895 - 947.

[26] Antoine Terracol, Jonathan Vaksmann. Dumbing down rational players: Learning and teaching in an experimental game. Documents de travail du Centre d'Economie de la Sorbonne bla07017, Université Panthéon-Sorbonne (Paris 1), Centre d'Economie de la Sorbonne, revised, 2007.

[27] Ehrblatt, W. Z., Hyndman, K., Ozbay, E. Y., Schotter, A. Conver-

gence: An experimental study of teaching and learning in repeated games, mimeo, 2007.

[28] Camerer, C., T. Ho, J. Chong. Sophisticated EWA Learning and Strategic. Teaching in Repeated Games [J]. *Journal of Economic Theory*, 2002, 104 (1): 137 – 188.

[29] Colombatto, E. Is there an Austrian approach to transition? [J] *The Review of Austrian Economics*, 2002, 15 (1): 61 – 74.

[30] Bazel, Y. *Economic Analysis of Property Rights* [M]. Cambridge University Press, 1989.

[31] 朱宪辰，章平．共享资源自发供给制度的产生 [J]. 财经研究，2005 (7): 5 – 15.

[32] Alchian, A., Demsetz, H. Production, Information Costs, and Economic. Organization [J]. *American Economic Review*, 1972, 62 (5): 777 – 795.

[33] 林毅夫．关于制度变迁的经济学理论：诱致性变迁与强制性变迁 [A]. 陈昕主编．财产权利与制度变迁——产权学派与新制度学派译集 [C]. 上海：上海三联书店，2000.

[34] Olson, M. *The Logic of Collective Action: Public Goods and the Theory of Groups* [M]. Cambridge: Harvard University Press, 1965.

[35] Libecap, Gary D. *Contracting for Property Rights* [M]. New York: Cambridge University Press, 1989: 1 – 28.

[36] Ostrom, Elinor. *Governing the Commons: The Evolution of Institutions for Collective Action* [M]. Cambridge University Press.

[37] Barbara, Allen, Edella, Schlager. Covenant Institutions and the Commons; Colorado Water Resource Management [A]. *International Association for the Study of Common Property Bloomington*, in May 31 June 4, 2000.

[38] Herzberg, Roberta. Commentary Commentary on Richard Wagner's "Self-governance, polycentrism, and federalism: Recurring themes in Vincent Ostrom's scholarly oeuvre" [J]. *Journal of Economic Behavior & Organization*, 2005, 57: 189 – 197.

[39] Hodgson, Georey M. Reclaiming habit for institutional economics [J]. *Jour-*

nal of Economic Psychology, 2004, 25: 651 - 660.

[40] Ostrom, Vincent. *The Intellectual Crisis in American Public Administration* [M]. The University of Alabama Press, 1989.

[41] Hayek, F. A. Economics and Knowledge [J]. *Economica*, New Series, 1937, 4 (13): 33 - 54.

[42] Buchanan, James M. An Economic Theory of Clubs [J]. *Economica*, 1965, 32 (125): 1 - 14.

[43] Sandler, Todd and John Tschirhart. The Economic Theory of Clubs: An Evaluative Survey [J]. *Journal of Economic Literature*, 1980, 18 (4): 1481 - 1521.

[44] Mueller, D. C. *Public Choice* Ⅱ [M]. Combridge: Cambridge University Press, 1989.

[45] Baland Jean-Marie, Jean-Philippe Platteau. Collective action on the commons: the role of inequality [J]. CRED, Belogium: University of Namur, 2002.

[46] Sugden, R. On the Economics of Philanthropy [J]. *Economic Journal*, 1982, 92: 341 - 350.

[47] Sugden, R. Reciprocity: The supply of public goods through voluntary contributions [J]. *Economic Journal*, 1984, 94: 772 - 787.

[48] Andreoni, J. Giving with impure altruism: applications to charity and Ricardian equivalence [J]. *Journal of Political Economy*, 1989, 47: 1447 - 1458.

[49] Young, D. J. A "fair share" model of public good provision [J]. *Journal of Economic Behavior and Organization*, 1989 (11): 137 - 147.

[50] Yuval Shilony. Diversity and ingenuity in voluntary collective action [J]. *European Journal of Political Economy*, 2000, 16: 429 - 443.

[51] Ruttan Lore M. Games and the CPR Toolkit [J]. *The Common Property Resource Digest.* Quarterly Publication of the International Association for the Study of Common Property, 2000, 55.

[52] 西蒙．关于人为事物的科学［M］．北京：解放军出版社，1987：38.

[53] 西蒙．管理行为［M］．北京：北京经济学院出版社，1988：18.

[54] 威尔逊，弗兰克．MIT 认知科学百科全书［M］．上海：上海外语教育出版社，2000.

[55] Semin, G. R., Smith, E. R. Interfaces of social psychology with situated and embodied cognition [J]. *Cognitive Systems Research*, 2002, 3: 385 – 396.

[56] Schwarz, N. Feelings, fit, and "funny effects": A situated cognition perspective [J]. *Journal of Marketing Research*, 2006.

[57] Hogarth, R. M., Reder, M. W. Perspectives from Economics and Psychology [A], in: Hogarth, R. M., Reder, M. W. *Rational Choice—The Contrast between Economics and Psychology* [M]. Chicago & London: University of Chicago Press, 1987: 1 – 23.

[58] Tilman Slembeck. Learning in Economics: Where Do We Stand? Microeconomics 0004007, Economics Working Paper Archive EconWPA, 2000.

[59] Jordan, J. S. Bayesian Learning in Repeated Games [J]. *Games and Economic Behavior*, 1995, 9: 8 – 20.

[60] Young, P. H. *Individual Strategy and Social Structure—An Evolutionary Theory of Institutions* [M]. Princeton: Princeton University Press, 1998.

[61] Camerer, Colin F., Teck-Hua Ho, Juin-Kuan Chong. A Cognitive Hierarchy Theory of Games [J]. *Quarterly Journal of Economics*, 2004, 119 (3): 861 – 898.

[62] Arifovic, J., Ledyard, J. Scaling Up Learning Models in Public Good Games [J]. *Journal of Public Economic Theory*, 2004, 6: 205 – 238.

[63] 余晖，秦虹．公私合作制的中国试验［M］．上海：世纪出版集团、上海人民出版社，2005.

[64] 毛寿龙，李梅，陈幽泓．西方政府的治道变革［M］．北京：中国人民大学出版社，1998.

[65] 毛寿龙，李梅．中国法治政府的进程［M］．上海：上海三联书店，2000.

[66] 贺雪峰，仝志辉．论村庄社会关联［J］．中国社会科学．2002（3）：124 – 134.

[67] 仝志辉，贺雪峰．村庄权力结构的三层分析［J］．中国社会科学，

2002（1）：158－167.

［68］王习明，贺雪峰，罗兴佐，陈涛．乡村水利与农地制度创新——以荆门市“划片承包”调查为例［J］．管理世界，2003（9）：76－88.

［69］Camerer，Colin F. *Behavioral Game Theory：Experiments in Strategic Interaction*［M］．Princeton University Press，2003.

［70］王永兴．转型经济学研究范式评述［J］．江苏社会科学，2007（5）：77－80.

［71］黄凯南．西方演化选择理论新进展［J］．经济学动态，2006（9）：66－71.

［72］Nelson，R.，Winter，S. 经济变迁的演化理论［M］．北京：商务印书馆，1997.

［73］Greif，A. Cultural beliefs and organization of society：a historical and theoretical reflection of collectivist and individualist societies［J］．*Journal of Political Economy*，1994，102（5）：912－49.

［74］Masahiko Aoki. Schumpeterian Innovation of Institution［C］．The Tenth Conference of the International Schumpeter Society held in Milan on June 10，2004.

［75］Hayek，F. A. Economics and Knowledge［J］．*Economica*，1937，4：33－54.

［76］弗兰克·奈特．风险、不确定性和利润［M］．北京：商务印书馆，2005：211.

［77］加里·贝克尔．人类行为的经济分析［M］．上海：三联书店，1995.

［78］黄春兴，方壮志．不确定场景的经济理性：以 SARS 危机下的个人行动为例［A］．第三届法与经济分析学术研讨会，台北，2005.

［79］钟惠波．知识的经济学分析：一个文献综述——基于古典与新古典范式的视点［J］．中国软科学，2006（12）：146－152.

［80］Becker，G. S.，Murphy，K. M. The Division of Labor，Coordination Costs，and Knowledge［J］．*Quarterly Journal of Economics*，1992，7（4）：1137－1160.

［81］汪丁丁．知识沿时间和空间的互补性以及相关的经济学［J］．经济研究，1997（6）：70－78.

[82] 汪丁丁. 知识表达、知识互补性、知识产权均衡 [J]. 经济研究, 2002 (10): 83 - 92.

[83] Drucker, P. F. *The Age of Discontinuity: Guidelines to our Changing Society* [M]. London: PAN Books LTD, 1971.

[84] 赫伯特·西蒙. 西蒙选集 [M]. 北京: 首都经济贸易大学出版社, 2001.

[85] Tamborini, R. Knowledge and economic behaviour: A constructivist approach [J]. *Journal of Evolutionary Economics*, 1997, 7 (1): 49 - 72.

[86] First European Conference on Cognitive Economics, 2nd CALL FOR PAPERS.

[87] Rizzello, S. Economic Change, Subjective Perception and Institutional Evolution [J]. *Metroeconomica*, 2000, 51 (2): 127 - 150.

[88] Bicchieri, Cristina. *Rationality and Coordination* [M]. Cambridge: Cambridge University Press, 1993.

[89] North, D. C. Economics and Cognitive Science. Economic History 9612002, EconWPA, revised, 1996.

[90] Witt, U. Learning to Consume— A Theory of Wants and the Growth of Demand [J]. *Journal of Evolutionary Economics*, 2001 (11): 23 - 36.

[91] Rescorla, R. A., Wagner, A. R. A Theory of Pavlovian Conditioning: Variations in the Effectiveness of Reinforcement and Non - reinforcement [A]. in A. H. Black & W. F. Prokasy (eds.): *Classical Conditioning* Ⅱ. Englewood Cliffs: Prentice Hall, 1972.

[92] Mackintosh, N. J. Pavlov and Associationism [J]. *The Spanish Journal of Psychology*, 2003 (6): 177 - 184.

[93] Bandura, A. *Social Learning Theory* [M]. New York: General Learning Press. 1977.

[94] Smith, M. K. The cognitive orientation to learning [EB/OL], the encyclopedia of informal education. http://www.infed.org/biblio/learning-cognitive.htm, 1999.

[95] 皮亚杰. 发生认识论原理 [M]. 北京: 商务印书馆, 1997.

[96] North, Douglass C. Economics and Cognitive Science. Economic History 9612002, EconWPA, revised, 1996.

[97] Camerer, C. F., Ho, T. Experience-weighted Attraction Learning in Normal Form Games [J]. *Econometrica*, 1999, 67: 827 - 874.

[98] Fudenberg, D., Levine, D. *The Theory of Learning in Games* [M]. The M. I. T. Press, Cambridge, MA, 1998.

[99] Fudenberg, D., Kreps, D. *Lectures on Learning and Equilibrium in Strategic-Form Games* [M]. CORE Lecture Series, 1990.

[100] Fudenberg, D., Kreps, D. Learning Mixed Equilibria [J]. *Games and Economic Behavior*, 1993 (5): 320 - 367.

[101] Fudenberg, D., Levine, D. K. Consistency and Cautious Fictitious Play [J]. *Journal of Economic Dynamics and Control*, 1994 (19): 1065 - 1090.

[102] Nyarko, Y., Schotter, A. An experimental study of belief learning using elicited beliefs [J]. *Econometrica*, 2002, 70 (3): 971 - 1006.

[103] Jackson, Matthew O., Kalai, Ehud. Social Learning in Recurring Games [J]. *Games and Economic Behavior*, Elsevier, 1997, 21 (1 - 2): 102 - 134.

[104] Bernheim, D. B. Rationalizable strategic behavior [J]. *Econometrical*, 1984 (52): 1007 - 1028.

[105] Milgrom, P., Roberts, J. Adaptive and sophisticated learning in normal - form games [J]. *Games and Economic Behavior*, 1991 (3): 82 - 100.

[106] Knight, J. *Institutions and Social Conflict* [M]. Cambridge: Cambridge University Press, 1996.

[107] Holland, J. H. Outline for a logical theory in adaptive systems [J]. *Journal of the Association for Computing Machinery*, 1962, 3: 297 - 314.

[108] Calderini, M., Metcalfe, S. Compound Learning, Neural Nets and the Competitive Process [J]. *Economics of Innovation & New Technology*, 1998 (7): 271 - 302.

[109] Heinemann, M. Adaptive Learning of Rational Expectations Using Neural Networks [J]. *Journal of Economic Dynamics & Control*, 2000 (24): 1007 - 1026.

[110] Jordan, J. S. Bayesian Learning in Normal Form Games [J]. *Games and Economic Behavior*, 1991 (3): 60 - 81.

[111] Bray, M. Learning, Estimation, and the Stability of Rational Expectations [J]. *Journal of Economic Theory*, 1982 (26): 318 - 339.

[112] Marcet, A., Sargent, T. J. Convergence of Least Squares Learning Mechanisms in Self-Referential Linear Stochastic Models [J]. *Journal of Economic Theory*, 1989 (48): 337 - 368.

[113] Bullard, J., Duffy, J. Learning in a Large Square Economy. Working Paper 94 - 013A, Federal Reserve Bank of St. Louis, 1994.

[114] Berninghaus, S. K.; Ehrhart, K. -M. Time Horizon and Equilibrium Selection in Tacit Coordination Games: Experimental Results [J]. *Journal of Economic Behavior and Organization*, 1998 (37): 231 - 248.

[115] Grosskopf, B. Reinforcement and Directional Learning in the Ultimatum Game with Responder Competition [J]. *Experimental Economics*, 2003 (6): 141 - 158.

[116] Chen, S. -H., Duffy, J., Yeh, C. H. Equilibrium Selection via Adaptation: Using Genetic Programming to Model Learning in a Coordination Game. The Electronic Journal of Evolutionary Modeling and Economic Dynamics, no. 1002, 2002.

[117] Brown, G. W. Iterative Solution of Games by Fictitious Play [A]. *Activity Analysis of Production and Allocation.* John Wiley and Sons, 1951: 374 - 376.

[118] Hofbauer, J., Sigmund, K. *Evolutionstheorie and dynamische Systeme* [M]. Berlin, Paul Parey, 1984.

[119] Roth, A. E., Erev, I. Learning in extensive form games: Experimental data and simple dynamic models in the intermediate term [J]. *Games and Economics Behavior*, 1995, 8: 164 - 212.

[120] Slonim, R., Roth, A. E. Learning in high Republic [J]. *Econometrica*, 1998 (66): 569 - 596.

[121] Brenner, T. *Modelling Learning in Economics* [M]. Cheltenham, Edward Elgar, 1999.

[122] Börgers, T. & Sarin, R. Learning Through Reinforcement and Replicator Dynamics [J]. *Journal of Economic Theory*, 1997 (77): 1 - 16.

[123] Arthur, W. B. Designing Economic Agents that Act Like Human Agents: A Behavioral Approach to Bounded Rationality [J]. *The American Economic Review*, 1991 (81): 353 - 359.

[124] Erev, I., Roth, A. Prediction how people play games: Reinforcement learning in games with unique strategy equilibrium [J]. *American Economic Review*, 1998, 88: 848 - 881.

[125] Cheung, Y, W., Friedman, D. Individual Learning in Normal Form Games: Some Laboratory Results [J]. *Games and Economic Behavior*, 1997 (19): 46 - 76.

[126] Camerer, Colin F., Teck-Hua Ho. Experience-Weighted Attraction Learning in Coordination Games: Probability Rules, Heterogeneity and Time-Variation [J]. *Journal of Mathematical Psychology*, 1998, 42: 305 - 26.

[127] Schelling, T. *The Strategy of Conflict* [M]. Harvard University Press, 1960.

[128] Mehta, J., Chris Starmer, Robert Sugden. The Nature of Salience: An Experimental Investigation of Pure Coordination Games [J]. *The American Economic Review*, 1994, 84: 658 - 673.

[129] 李军林. 聚点理论及其发展 [J]. 经济理论与经济管理, 2007 (2): 37 - 41.

[130] Camerer C, Ho T-H. Experience-Weighted Attraction Learning in Normal Form Games [J]. *Econometrica*, 1999, 67: 837 - 874.

[131] Camerer, C. F., Ho, T-H, Chong, J-K. A Cognitive Hierarchy Model of One-Shot Games [J]. *Quarterly Journal of Economics*, August 2004, 119 (3), 861 - 898.

[132] Merlo, A., Schotter, A. A Surprise-Quiz View of Learning in Economic Experiments [M]. *Games and Economic Behavior*, 1999, 28: 25 - 54.

[133] Merlo, A., Schotter, A. Learning by Not Doing: An Experimental Investigation of Observational Learning [J]. *Games and Economic Behavior*, 2003, 42 (1): 116 - 136.

[134] 哈耶克．致命的自负［M］．北京：中国社会科学出版社，2000.

[135] 谢林．微观动机与宏观行为［M］．北京：中国人民大学出版社，2005：14.

[136] Hodgson, Geoffrey M. Meanings of Methodological Individualism [J]. *Journal of Economic Methodology*, 2007, 14 (2): 211 - 26.

[137] 哈耶克．个人主义与经济秩序［M］．北京：北京经济学院出版社，1989.

[138] Smith, Vernon L. Constructivist and Ecological Rationality in Economics [J]. *The American Economic Review*, 2003, 93 (3): 465 - 508

[139] 古元峰．奥地利学派的回应——与主流经济学的异同和整合［EB/OL］．http://www.cenet.org.cn/article.asp? articleid = 16009. 2004. 11. 2.

[140] Chase, V. M., Hertwig, R., Gigerenzer G. Visions of rationality [J]. *Trends in Cognitive Sciences*, 1998, 2: 206 - 214.

[141] 安迪·克拉克．经济理性：个体学习与外部结构的互动［A］．约翰·N. 德勒巴克，约翰·V. C. 奈．新制度经济学前沿［C］．北京：经济科学出版社，2003：324.

[142] Denzau, A. T., North, D. C. Shared Mental Models: Ideologies and Institutions [J]. Kyklos Blackwell Publishing. 1994, 47 (1): 3 - 31.

[143] Alchian A. Uncertainty, Evolution and Economic Theory [J]. *Journal of Political Economy*, 1950, 58: 211 - 222.

[144] Gabaix, X., Laibson, D. Bounded Rationality and Directed Cognition [J]. Harvard University Working Paper, 2000.

[145] Simon, H. A. Bounded Rationality and Organizational Learning [J]. *Organization Science*. 1991 (2): 125 - 134.

[146] Simon, H. A. *Models of Bounded Rationality Vol.* 3. [M]. Cambridge, MA: The MIT Press, 1997.

[147] Hayek. F. A. *Sensory Order* [M]. Chicago: University of Chicago Press, 1952.

[148] 张良桥．论人类决策过程的进化模型［EB/OL］．http://www.jjxj.com.cn/news_detail.jsp? keyno = 1091, 2003. 6. 18.

[149] Dilip, Mookherjee, Barry, Sopher. Learning Behavior in an Experimental

Matching Pennies Game [J]. *Games and Economic Behavior*, 1994, 7 (1): 62 -91.

[150] Mookherjee, D., Sopher, B. Learning and Decision Costs in Experimental Constant-sum Games [J]. *Games and Economic Behavior*, 1997 (19): 97 -132.

[151] Nagel, R. Unraveling in Guessing Games: An Experimental Study [J]. *The American Economic Review*, 1995, 85: 1313 -1326.

[152] Huyck, J. V., Raymond Battalio, Richard Beil. Tacit Coordination Games, Strategic Uncertainty, and Coordination Failure [J]. *American Economic Review*, 1990, 80 (1): 234 -248.

[153] Crawford, V. P. Introduction to Experimental Game Theory [J]. *Journal of Economic Theory*, 2002, 104: 1 -15.

[154] 张良桥．协调博弈与均衡选择 [J]. 求索，2007 (5): 50 -52.

[155] Urs Fischbacher. z-Tree: Zurich Toolbox for Ready-made Economic Experiments [J]. *Experimental Economics*, 2007, 10 (2): 171 -178.

[156] 汪丁丁．何谓“直面现象”的经济学？[J] 读书，2004 (2): 116 -21.

[157] 郑江淮．经济变迁再解释 [J]. 财经，2008: 205.

附录A　南京市住宅小区共享资源治理调查问卷

A1　2003年调查问卷

1a　小区绿地、道路、广场等场地的使用，您认为根本上该由谁决定（　　）

A. 物业公司　　B. 开发公司　　C. 全体购房业主

D. 物业公司定，全体购房业主参与管理　　E. 不知道

1b　您认为，小区里的室外停车位的产权属于（　　）

A. 物业公司　　B. 开发公司　　C. 全体购房业主

D. 城建、市政或街道等部门　　E. 不知道或不一定

1c　您认为，小区内楼宇上如果有广告收入，它应该归谁所有（　　）

A. 物业公司　　B. 开发公司　　C. 全体购房业主

D. 物业公司与全体购房业主分成　　E. 不知道

1d　您认为，维修基金是（　　）

A. 业主的共有财产　　B 政府规定要上缴的一种税费

C. 不知道

D. 政府拨给物业公司并监督它用于小区的费用

1e　您认为保修期满后，小区里排水排污系统维修更新要花钱，该由谁负担（　　）

A. 物业公司　　B. 开发公司　　C. 全体购房业主

D. 市政管理部门　　　E. 不知道

1f　您认为，物管费每平方米收多少钱应该由谁敲定（　　）

A. 政府的物价部门　　　B. 业主代表大会　　　C. 物业管理公司

D. 物业公司与业主谈判　　　E. 不知道

2a　据您估计，您所在小区的物业公司目前处于（　　）状态

A. 有盈利　　　B 亏本，由开发商补贴

C. 亏本，由政府补贴

D. 持平　　　E. 不知道

2b　您认为，物业公司应该（　　）

A. 以盈利为目的　　　B. 由开发商补贴持平

C. 由政府补贴持平

D. 带有一定的行政管理职能，追求社会效益

E. 不知道

3a　您知道业主委员会吗（　　）

A. 知道，且居住的小区有

B. 知道，但居住的小区没有

C. 不知道

若您所在的小区还没有成立业主委员会，请直接从下一页回答（原调查问卷页面设计与本书排版不同，即跳过对问题 3b—4f 的回答——编者注）

3b　您所在小区的业主委员会是怎么筹建产生的（　　）

A. 物业公司组织　　　B. 开发公司组织　　　C. 完全由业主自发

D. 其他方组织（如居委会等）　　　E. 不知道

3c　您所在的小区业主委员会的成立、章程的制定是（　　）

A. 业主自己参考其他小区的经验

B. 物业公司提供相关模式

C. 政府提供相关模式

D. 业主自己制定

E. 不知道

3d　您所在小区的维修基金年度决策，实际是由谁决定（　　）

A. 业主代表们商讨后表决　　B. 物业公司决定

C. 业主委员会的几个人商定　　D. 物业公司与业主协商决定

E. 不知道

3e　目前业主向其他业主，代表，业主委员会提建议和意见的主要渠道是（　　）

A. 串门　　B. 电话

C. 网站、电子邮件　　D. 室外公示牌

E. 不知道

4a　在已入住多年的小区内，如中心场地需改造为绿地或运动场所，您认为整个该怎样做出决策（　　）

A. 由物业公司决定　　B. 由业主委员会决定

C. 全体业主开大会表决　　D. 不知道

4b　保修期满后，如果小区的下水总管堵塞老是修不好，物业公司推说是原施工有问题，您认为最有效的处理途径是（　　）

A. 向政府物管部门投诉　　B. 向媒体投诉

C. 向法院投诉

D. 由业主委员会通过市场，花钱购买专业服务解决问题

E. 不知道

F. 由业主委员会委托专门机构鉴定原因和责任，然后要责任方解决

4c　您认为，物业公司与业主委员会所签订的物业管理合同条款（　　）

A. 必须通过业主代表大会或全体业主大会

B. 必须通过政府物业管理部门

C. 只需通过业主委员会

D. 不知道

4d　您认为，政府物管部门对业主委员会是（　　）

A. 发起组织者　　B. 成立后的上级领导

C. 既是组织者又是领导者　　D. 仅仅提供建议

E. 对其有效性有认定权

F. 不知道

4e 您认为，业主委员会主任，委员，业主代表和普通业主之间应该是（　　）

A. 上下级关系

B. 虽然不是上下级关系但是决策权大小不同

C. 平等自愿的关系

D. 不知道

4f 您认为，业主委员会是业主代表大会的（　　）

A. 授权执行机构　　B. 领导、决策、管理机构

C. 其他　　D. 不知道

您的房子是（　　）A. 商品房　　B. 回迁房　　C. 房改房

D. 单位集资房　　E. 其他

您房子的面积是______平方米

填表人所在小区业主户数：______

小区建成时间：______

业委会成立时间：______

调查纪录时间：　　地点：

被试：老/中老/中/中青/青　　性别：m/f

调查员：

南京理工大学调查组

2003 年 7 月

A2　2005 年调查问卷

尊敬的______小区业主：

您好！我们是南京理工大学学生，正在完成省教育厅“全面小康建设中社区共享资源治理问题研究”的课题，您的回答对我们了解小区状况十分重要，希望得到您的支持和配合！

谢谢您！

南京理工大学课题组

2005 年 10 月

[1] 您的性别：　A. 男　B. 女

[2] 您的年龄：　A. 30 岁以下　B. 30—50 岁　C. 50 岁以上

[3] 您的教育程度：A. 小学及以下　B. 初中　C. 高中

D. 大学及以上

[4] 您的家庭月收入：

A. 1 500 元以下　B. 1 500—3 000 元　C. 3 000—4 500

D. 4 500 元以上

[5] 您的房子是：A. 商品房　B. 回迁房　C. 房改房

D. 单位集资房　E. 其他

[6] 您的职业（若已退休请问原来的职业）：__________

您房子的面积：__________

[7] 您所在小区业主户数：____　您在该小区已经住了多久：____

[8] 您所在小区是否已经成立了业主委员会：

A. 成立（成立时间：______）

B. 未成立（请直接跳至问题 [14] 回答）

[9] 您所在小区业主委员会的成立、章程的制定是（　　）

A. 业主自己参考其他小区的经验　B. 物业公司提供相关模式

C. 政府提供相关模式　D. 业主自己制定

E. 不知道

[10] 目前业主向其他业主，代表，业主委员会提建议和意见的主要渠道是（ ）

A. 串门 B. 电话 C. 网站、电子邮件

D. 室外公示牌 E. 不知道

[11] 您认为业主委员会能够有效代表全体业主的程度如何（ ）

A. 很能够 B. 一般

C. 代表少数业主 D. 被房地产商或物业公司控制

[12] 您自身参与业主大会、行使业主权利的积极性如何，是下列哪一种情况（ ）

A. 很积极，一开始的发起人 B. 积极，有人牵头就参与

C. 一般，看人家怎么办，自己应该而且能做些什么的就做

D. 不积极，有人上门催我才参与

E. 无所谓，觉得不关自己的事

[13] 您大概在什么时候开始热衷于如业主大会这类小区公共事务？入住后______年。

[14] 小区绿地、道路、广场等场地的使用权益，您认为根本上应该归谁（ ）

A. 物业公司 B. 开发公司

C. 全体购房业主 D. 物业公司定，全体购房业主参与管理

E. 不知道

[15] 您认为，小区里的室外停车位的产权属于（ ）

A. 物业公司 B. 开发公司 C. 全体购房业主

D. 城建，市政或街道等部门 E. 不知道或不一定

[16] 您认为，小区内楼宇上如果有广告收入，它应该归谁所有（ ）

A. 物业公司 B. 开发公司 C. 全体购房业主

D. 物业公司与全体购房业主分成 E. 不知道

[17] 您认为保修期满后，小区里排水排污系统维修更新要花钱，该由谁负担（ ）

A. 物业公司 B. 开发公司 C. 全体购房业主

D. 市政管理部门　　　　　　　　　　　　E. 不知道

[18] 您认为，物管费每平方米收多少钱应该由谁敲定（　　）

A. 政府的物价部门　　B. 业主代表大会　　C. 物业管理公司

D. 物业公司与业主谈判　　　　　　　　E. 不知道

[19] 在入住多年的小区内，如中心场地需改造为绿地，您认为该怎样决策（　　）

A. 由物业公司决定　　　　B. 由业主委员会决定

C. 全体业主开大会表决　　D. 不知道

[20] 您认为，业主委员会主任、委员、业主代表和普通业主之间应该是（　　）

A. 上下级关系

B. 虽然不是上下级关系但是决策权大小不同

C. 平等自愿的关系　　　　D. 不知道

[21] 您认为小区其他业主参与公共事务的积极性如何（　　）

A. 大都积极　　　　B. 一部分积极　　C. 大都不积极

[22] 您是否赞同"积极参与小区公共事务能获得个人声望、名誉和他人尊重"（　　）

A. 十分赞同　　　　B. 一般　　　　C. 很不赞同

[23] 您对"小区内很需要经常性的互相帮助"这句话赞同吗（　　）

A. 十分赞同　　　　B. 一般　　　　C. 不赞同

[24] 据您所知，小区内的业余爱好协会以及其他一些群众性集体活动多么（　　）

A. 很多　　　　　　B. 一般　　　　C. 很少

[25] 您经常参加或者希望参加小区内的群体活动吗（　　）

A. 经常　　　　　　B. 不是太多　　C. 很少

[26] 如果遇到特殊需要，您会将自己孩子交给小区内的邻居照看吗（　　）

A. 很可能会　　　　B. 偶尔会　　　C. 一般不会

[27] 据您所知，本小区内相互合作、互相信任和团结关系的强度怎样（　　）

A. 很强　　　　　　B. 一般　　　　C. 很弱

附录B Exp1和Exp3实验说明书

1 一般性说明

欢迎并感谢各位参与实验。实验目的：了解在某些简单设置下，人们的策略互动行为表现。

实验分为两阶段。实验开始时，你将与另外两名参与者随机组对，三人一组。在整个实验第一阶段中你将始终与之组合。在第二阶段每一轮中，每个小组中的三个人都是随机匹配，不存在固定搭档。我们始终不会透露和你搭档的人是谁。我们要求你实验过程中保持安静，且杜绝相互间的任何交流。在任何时候有问题的话，请向实验协调人询问。

2 需要你做出决策的问题

实验中，两个阶段都分别进行40轮游戏。你的任务是：在每一轮，作出一个选择。同时，在作出选择之前，你要作出关于小组中其他参与者选择的预测。

3 博弈游戏

在电脑屏幕上，你会看到你和你的搭档将参与的博弈，你们将进行 40 次同样的博弈。三个人一组；$i=1, 2, 3$；$e_i \in \{1, 2, 3\}$；参与者 i 的赢利：$\pi_i = 3[\min(e_1, e_2, e_3)] - e_i$。

你的选择 \ 3个参与者选择中的最小数	3	2	1
3	6	3	0
2	—	4	1
1	—	—	2

在每一轮，你和你的搭档会同时选择为 1、2 和 3 的三个数字中的一个。图中九个数字代表了你九种可能的选择结果。每个数字表示你将得到的赢利。例如，假设在当期你选择 2，你的两个搭档选择 2 和 3，那么你在当期就能得到 4。

4 预测其他人的选择

在每一轮中选择一个行动之前，你有机会通过预测你的搭档在游戏中的选择而赢利。在你电脑屏幕上，会向每人提出如下三个问题：

- 在概率 0.00—1.00 之间，你认为三个人所选数字中最小是 3 的可能性多大？
- 在概率 0.00—1.00 之间，你认为三个人所选数字中最小是 2 的可能性多大？
- 在概率 0.00—1.00 之间，你认为三个人所选数字中最小是 1 的可能性多大？

你对每个问题的回答必须是一个 0.00—1.00 之间的数字。且三个数字加总起来必须是 1。

比如，假设你认为三个人所选数字中最小是 3、2、1 的可能性分别为 0.2、0.3、0.5。这样，你就在屏幕左下角的框中依次输入。根据一个函数（我们现在会解释），你会从预测中得到相应的点数。假设当期你们小组三个人所选数字中最小是 2，那么你预测而得到的赢利就是：$1-0.5[(0.2)^2-(1-0.3)^2-(0.5)^2]$。也就是说，我们给你一个固定的点数 1，在这上面减去多少，取决于你的预测准确程度。我们用你的搭档实际所作的选择来衡量。

请注意，从你做出预测到知道搭档的实际选择，为了最大化预测赢利，你该做的就是简明表达你关于对手将会做什么的真实信念。在所有情况中，你得到的点数肯定≥0。

5　最后的报酬支付

你最后的实验报酬将以如下方式决定：我们会加总实验中每轮行动选择和预测搭档行为获得的点数。然后将点数的总和按照在每组中的排名给出，你赢得的最终支付就是这个数字加上 10 元参与费。报酬会在实验结束后进行支付。

索　引

跋

在整个研究过程接近尾声时，一直有一个天真、幼稚的想法萦绕着笔者思绪：中国社会转型历经百余年，至今仍未看到收敛的显著趋势，在本书关注的城镇住宅小区共享资源治理转型过程中，是否可能在每个小区都空降（其实是安插耳目）一批外貌无异的机器人业主，让他们作为本书定义的指导者投身到所在小区的共享资源治理制度建设和创新中，坚定地依照作为一个独立承担权力、责任和义务、自主决策的业主参与公共事务治理，哪怕遇到其他真业主的决策知识都是原先集中的计划体制下遗留的。通过这批指导者锲而不舍地连续选择均衡行动，引领他们学习在不同场景下的决策、完成转型期的决策知识更新——完全过渡到大多数学者所津津乐道的理想市民社会去。

用“天真”“幼稚”形容这个想法有些儿戏，因为现实中不光有我这样的幻想者，更有执著的实干家。他们或依“便于集中管理”的传统需要凭借暴力强加推行蕴含私利的制度条例；或凭空构造一厢情愿的治理模式，使尽全力去推销这套方案；或寻求已退出该治理领域的强势政府出面维持供给。毋庸置疑，这个世界认可多样性，但一想到这些“天真”“幼稚”的方案，便处于个体与个体、个体与集体这些紧张关系中，谁也不能容忍今天跟自己打招呼的邻居是受另外一个和我们一样的人指派而来的，一旦自己认知调整，他们便撤出小区，奔赴下一个小区？

笔者时刻提醒自己重视我们的无知，警惕身边致命的自负，充其量是依仗人类先天携带的学习适应能力和一份好奇心，面临不确定的环境和未来，去试错学习——“摸着石头过河”“试一试，看一看”，我们知道，人生就是试错。如此巨大的转型过程最终尘埃如何落定，落在何处？都是数学模型和规划所不能胜任的。我们刻画个体信念和决策规则的学习调整过程，强调某一策略行为的重要特征和作用，目的是尝试解释这一过程，揭示微观主体行为、动机与宏观社会现象之间的一种互动关系，基于此上给出力所能及的预测，而非建构未来。现实中存在指导者，但这不是一项任务，不是被任命、被委派的，而是其本身所具有的行为特质（原先所具有的信念系统和学习调整方式）与所处环境的互动结果，使得自视客观的局外人看到这一凸显出来的策略性行为及其对抽象的博弈收敛的促进作用。某一局部治理制度（甚至整个社会）究竟如何演化，研究者并没有也不可能有既定的目标，这只能依赖于各当事人之间的协调互动——各自具有的信念、学习调整方式互相共享的知识体系演化。

2007年诺贝尔经济学奖授予机制设计理论的三位开拓者。机制设计的工作是“在极端理性和不完全信息的假设下分析人们极度复杂的策略行为及其后果，并寻求使得意愿结果成为博弈均衡的制度安排”。机制设计理论在当代社会经济运行中已经发挥了巨大的作用，理论推导精致细腻，但这何尝不会导致人类理性的滥用？

本书的研究工作在国内完全是探索性的，抱着一份“碰一碰，试一试”的好奇心，笔者开始了学习模型在国内的一次尝试和应用，在前期相关理论准备、模型理解、实验表征及参数估计和模型数据拟合过程中完整地领略了西方学术大师们的心路历程，包括模型构建、数据处理的科学计算，其中的一处处巧妙构思和巨大的工作量让我们体会到学术工作所需要的不仅是敏锐的洞察力和问题意识，更多的是一份身体力行的敬业，这需要坚强的毅力和顽强的体魄。本书只求在重复和理解运用的基础上能够有一些拓展。虽然今后笔者可能不再从事这一方向的研究，但毕竟为后来者积累了可重复、可模仿的基础知识，这算是本书的一点意义。

图书在版编目（CIP）数据

制度转型中的博弈学习行为：知识、策略与规则/章平著．—杭州：浙江大学出版社，2010.3

ISBN 978-7-308-07388-2

Ⅰ．①制… Ⅱ．①章… Ⅲ．①房地产经济学-研究-中国
Ⅳ．①F299.233.0

中国版本图书馆CIP数据核字（2010）第023763号

制度转型中的博弈学习行为：知识、策略与规则

章平 著

责任编辑 赵 琼

装帧设计 丁 丁

出版发行 浙江大学出版社

（杭州天目山路148号 邮政编码310007）

（网址：http://www.zjupress.com）

排　　版 北京京鲁创业科贸有限公司

印　　刷 杭州杭新印务有限公司

开　　本 640mm×960mm 1/16

印　　张 13.75

字　　数 179千

版 印 次 2010年3月第1版 2010年3月第1次印刷

书　　号 ISBN 978-7-308-07388-2

定　　价 34.00元

浙江大学出版社发行部邮购电话（0571）88925591